特殊学生健身瑜伽

杜熙茹 王 琪 郭 琴 主编

人民体育出版社

图书在版编目（CIP）数据

特殊学生健身瑜伽/杜熙茹，王琪，郭琴主编. --北京：人民体育出版社，2020（2024.1重印）
ISBN 978-7-5009-5881-9

Ⅰ.①特… Ⅱ.①杜…②王…③郭… Ⅲ.①瑜伽－特殊教育－教学参考资料 Ⅳ.①G76

中国版本图书馆 CIP 数据核字（2020）第 199618 号

*

人 民 体 育 出 版 社 出 版 发 行
北京中献拓方科技发展有限公司印刷
新 华 书 店 经 销

*

787×1092　16 开本　14.25 印张　251 千字
2020 年 10 月第 1 版　2024 年 1 月第 2 次印刷

*

ISBN 978-7-5009-5881-9
定价：70.00 元

社址：北京市东城区体育馆路 8 号（天坛公园东门）
电话：67151482（发行部）　　　邮编：100061
传真：67151483　　　　　　　　邮购：67118491
网址：www.psphpress.com

（购买本社图书，如遇有缺损页可与邮购部联系）

编委会

主　编：
杜熙茹　（广州体育学院　教授、博士生导师）
王　琪　（广州体育职业技术学院　社会体育教研室主任）
郭　琴　（广东金融学院　副教授）

副主编：
李龙梅　（重庆市特殊教育中心　书记、校长、特级教师）
李潇潇　（深圳元平特殊教育学校中学　一级教师）
王　兵　（深圳元平特殊教育学校中学　高级教师）

参编人员：
杜熙茹　王　琪　郭　琴　李潇潇　王　兵
李龙梅　夏雪文　沈晴琛　刘满洁　周建勋
邵　宇　张卿颜（排名不分前后）

图片拍摄：
李锐泽

动作示范：
吴海仪　王　琪　林少敏　沈晴琛　张泽彬

编者简介

杜熙茹，女，满族，1971年1月出生；民主促进会会员；广州体育学院体育艺术学院教授（三级）、博士、上海体育学院外聘博士生导师。分别在西安体育学院、中山大学、上海体育学院获得学士（体育教育）、硕士（高等教育学）和博士（体育人文社会学）学位。曾在美国 University of Maryland, College Park 和 Western Michigan University 学习进修。主要从事休闲体育、女性体育、适应性体育的教育教学、科研及社会工作。曾担任广东省体育科学学会理事，现为中国体育科学学会会员，省部级优势专业学科带头人，中国体育科学学会体育教育训练分会副主任；国家社会科学基金项目通讯评审专家、广东教育学会体育卫生专业委员会常务理事，全国全民健身操推广委员会广东分会副主任。健美操、啦啦操国家级裁判、指导员，啦啦操国家级金牌导师。

公开发表学术论文80余篇，其中核心期刊33篇。主持体育总局社科课题、广东省社科等省部级课题8项；20余项厅局级课题、8项横向课题；主要参与2项国家级社科课题、5项体育总局体育社科研究课题、3项省科技厅课题；出版专著及主编教材共8部。同时有多篇科研论文被国际性论文科研报告会收录，曾赴日本、韩国、越南、美国、西班牙、希腊、德国、英国、法国及港澳台等十余个国家和地区进行学术交流。近五年来指导学生获得近10项国家级、省级啦啦操、健美操等项目赛事的冠军。

王琪，广州体育职业技术学院运动系体育艺术专业负责人；国家职业资格高级瑜伽师；AYTA亚洲瑜伽导师联盟高级瑜伽导师；APA亚洲普拉提协会高级普拉提教练；健美操——团体课程教练国家职业资格考评员；国家一级艺术体操运动员、裁判员；全国核心能力认证创新创业指导师。

曾获得天津市第九届运动会艺术体操个人全能冠军；首届中国学生健康活力大赛艺术体操竞技组个人全能冠军；全国高等体育职业院校教师技能大赛一等奖；广州体育职业技术学院"金牌讲师"荣誉称号。担任深圳普诺瑜伽学院、广州动益健身学院等多家瑜伽馆、健身学院特聘培训导师。多次担任广东省残疾人社会体育指导员培训导师。

郭琴，女，硕士研究生，广东金融学院专职体育教师，体育学副教授，自2003年入职广东金融学院以来，一直担任健美操基础课程及形体课教学，积累了丰富的健美操教学经验。

任职期间发表相关学术论文20余篇，积极参与国家级课题和省级课题各一部，参编广东金融学院教材《大学生体育与健康》。在校期间，获得广东金融学院优秀教师称号。

前 言
FOREWORD

追求身心健康是人类永恒的话题，随着社会的发展，人们选择健身的方式也日趋多样化。瑜伽是全世界公认的有益身心健康的运动项目，目前已被广泛运用在运动健身、心理治疗、康复保健等诸多领域。近年来，健身瑜伽运动在我国学校体育中逐步发展，大、中、小学纷纷开展健身瑜伽课程。在全世界范围内，瑜伽也被广泛运用于特殊教育当中，练习健身瑜伽对于残疾学生的身心康复干预有着显而易见的作用，特殊学校开展健身瑜伽课程具有重要意义。然而，由于特殊教育发展的局限性，在我国，针对特殊学校健身瑜伽课程的开发和研究仍有很大的提升空间。

《特殊学生健身瑜伽》是专门为特殊学校开设健身瑜伽课程而编写的。本教材立足于特殊学校教育教学改革，坚持"立德树人""健康第一"和"学生健康发展为本"的指导思想。以增强特殊学生的身体活力、改善身体姿态、挖掘身体潜能、促进身体功能康复与补偿、促进身心和谐发展和社会适应为目标。在编写中注重特殊学生健身瑜伽教育教学理论的研究和梳理，同时，突出理论与实践内容的实用性和针对性。既有理论研究，也有大量的实践内容和课程案例。在总结了多年特殊学生瑜伽教学实践的基础上，联合特殊学校教育专家和瑜伽行业资深瑜伽导师编写而成。

本教材共分为九章，系统介绍了健身瑜伽基础知识和技术及特殊学生健身瑜伽课程的开展。针对各种特殊学生类型，如视障、听障、智障、肢体障碍等，进行了健身瑜伽课程的设计，包括课程目标、教学原则和教学方法、教学组织与实施设计等方面。为了让教师能更好地开展课程，还根据不同特殊学生类型设计了健身瑜伽课程的教学案例,并编排了瑜伽体式组合,以便教师在教学中使用和参考。教材第九章介绍了特殊学生亲子(双人)健身瑜伽的练习方法和相关内容,希望特殊学生的家长们也能参与进来,感受健身瑜伽,体验这种和谐、健康的与特殊儿童相处的方式。

本教材第一章由王兵、杜熙茹、郭琴编写;第二章由王琪、杜熙茹、李龙梅编写;第三章由王琪、王兵、杜熙茹编写;第四章由王兵、王琪、李龙梅编写;第五章由李潇潇、沈晴琛、郭琴编写;第六章由夏雪文、李潇潇、杜熙茹编写;第七章由刘满洁、王琪、杜熙茹编写;第八章由夏雪文、李潇潇、刘满洁编写;第九章由王琪、沈晴琛、杜熙茹编写。张卿颜、周建勋、邵宇、汲嫘萌进行了校对。在编写过程中,重庆市特殊教育中心、深圳元平特殊教育学校、深圳普诺瑜伽学院、广州九九瑜伽等单位提出了宝贵意见和建议,并提供了大力支持和帮助,在此一并对所有参编人员和各支持单位及参考文献作者表示由衷的感谢。

健身瑜伽运动遵循人的身心发展和认知规律,具有很好的身体调节、心理调节和精神滋养功效,是东方人智慧的结晶,并极具锻炼价值。特殊学校开展健身瑜伽运动非常契合特殊学生群体的需要,也将成为一种趋势。让特殊学生通过健身瑜伽运动提升健康水平,开发潜能,促进身心协调发展,帮助他们更好地融入社会和生活是我们编写本教材的初衷。但由于编写人员学术水平和经验所限,教材中难免有许多不足之处,敬请广大读者、专家、同行批评指正。

编者

目 录
CONTENTS

第一章 特殊学生健身瑜伽概述 …………………………………………………… 001
    第一节 特殊学生的定义、分类和特征 ………………………………………… 001
    第二节 特殊学生的身心特点 …………………………………………………… 012
    第三节 健身瑜伽运动概述 ……………………………………………………… 014
    第四节 特殊学生健身瑜伽定义 ………………………………………………… 023

第二章 特殊学生健身瑜伽体式 …………………………………………………… 028
    第一节 瑜伽呼吸法、体位法、冥想法与休息术 ……………………………… 028
    第二节 瑜伽体式基础 …………………………………………………………… 037
    第三节 前屈类瑜伽体式 ………………………………………………………… 045
    第四节 后展类瑜伽体式 ………………………………………………………… 051
    第五节 侧弯类瑜伽体式 ………………………………………………………… 060
    第六节 中立伸展类瑜伽体式 …………………………………………………… 063
    第七节 扭转类瑜伽体式 ………………………………………………………… 066
    第八节 平衡类瑜伽体式 ………………………………………………………… 070
    第九节 倒置类瑜伽体式 ………………………………………………………… 075
    第十节 其他类型的瑜伽体式 …………………………………………………… 077

第十一节　经典瑜伽体式组合——拜日式 085

第三章　特殊学生健身瑜伽课程教学与组织 087
　　第一节　特殊学生健身瑜伽教学原则 087
　　第二节　特殊学生健身瑜伽教学方法 091
　　第三节　特殊学生健身瑜伽教学辅导方法与体式纠正方法 097
　　第四节　特殊学生健身瑜伽课程教学流程 102
　　第五节　特殊学生健身瑜伽课程教学内容与学习评价 106

第四章　听力障碍学生健身瑜伽课程教学设计 113
　　第一节　听力障碍学生健身瑜伽课程目标 113
　　第二节　听力障碍学生健身瑜伽课程教学组织与实施设计 117
　　第三节　听力障碍学生健身瑜伽课程案例与示范套路 124

第五章　视力障碍学生健身瑜伽课程教学设计 135
　　第一节　视力障碍学生健身瑜伽课程目标 135
　　第二节　视力障碍学生健身瑜伽课程教学组织与实施设计 136
　　第三节　视力障碍学生健身瑜伽课程案例与示范套路 141

第六章　智力障碍学生健身瑜伽课程教学设计 150
　　第一节　智力障碍学生健身瑜伽课程目标 150
　　第二节　智力障碍学生健身瑜伽课程教学组织与实施设计 152
　　第三节　智力障碍学生健身瑜伽课程案例与示范套路 156

第七章　自闭症学生健身瑜伽课程教学设计 167
　　第一节　自闭症学生健身瑜伽课程目标 167
　　第二节　自闭症学生健身瑜伽课程教学组织与实施设计 169
　　第三节　自闭症学生健身瑜伽课程案例与示范套路 173

第八章　肢体障碍学生健身瑜伽课程教学设计 ································· 183
  第一节　肢体障碍学生健身瑜伽课程目标 ································· 183
  第二节　肢体障碍学生健身瑜伽课程教学组织与实施设计 ············· 184
  第三节　肢体障碍学生健身瑜伽课程案例与示范套路 ··················· 188

第九章　特殊学生亲子（双人）健身瑜伽 ······································ 199
  第一节　亲子健身瑜伽的介绍 ··· 199
  第二节　特殊学生亲子（双人）健身瑜伽体式 ·························· 202

参考文献 ·· 213

第一章
特殊学生健身瑜伽概述

瑜伽在全世界范围内已广泛运用到运动、康复、心理调节等各个领域，瑜伽运动的功能也逐渐得到大众的认可。瑜伽练习非常契合特殊学生群体的需要，也必将成为一种趋势。本章对特殊学生的定义、分类、特征及身心特点进行了分析，同时详细介绍了健身瑜伽运动及特殊学生健身瑜伽运动的相关基础知识。特殊学生通过瑜伽练习可以提升健康水平、开发潜能，促进身心协调发展，帮助他们更好地融入社会和生活。

第一节 特殊学生的定义、分类和特征

本节详细介绍了特殊儿童、特殊学生的概念定义，以及如何对特殊学生进行分类，并详细分析听力障碍、视力障碍等各种类型特殊学生的定义及不同类型特殊学生的具体特征。

一、特殊儿童与特殊学生的定义

（一）特殊儿童

什么是"儿童"？依据国际《儿童权利公约》，"儿童"是指18岁以下的任何人。每年的六月一日在我国中小学、幼儿园及社会组织都会以不同的形式为14岁以下儿童庆祝属于他们的节日。所以我们日常的教育过程中儿童主要也是指14周岁以下的所有人。儿童在生长发育或教育成长等过程中，总有少部分孩子存在很多方面的与众不同，同大多数健全儿童有显著差异，我们通常把这些少数孩子称为"特殊儿童"。

其实在我们人类社会发展的不同历史时期、不同国家地区，人们对"特殊儿

童"都有不同的称呼。早期出现过缺陷儿童、障碍儿童及超常儿童等称呼，随着社会的发展，人们对特殊人群开始从多个角度来定义。20世纪80年代，美国提出了特殊儿童的概念，即在智力、感官、情绪、身体、举止或表达能力上与正常状态有较大差距的儿童。随着社会的发展进步及对特殊儿童的深入研究，特殊儿童的定义有了广义和狭义的区分。广义的理解是指与健全儿童在各方面有显著差异的各类儿童。这些差异体现在智力、感官、情绪、肢体、行为或者语言等方面，既包括发展上低于健全儿童的群体，也包括发展高于健全儿童以及有轻微犯罪的儿童。狭义的理解，专指残疾儿童——在我国把特殊儿童也常叫作残疾儿童，即身心发展上有各种缺陷的儿童，所以又称"缺陷儿童""障碍儿童"。一般包括智力残疾、听力残疾、视力残疾、肢体残疾、言语障碍、情绪或行为障碍、多重残疾等类型。

（二）特殊学生

什么是特殊学生？首先要了解什么是特殊学校，在本教材中，"特殊学校"是特殊教育学校的简称，是指专门对特殊学生、青少年实施教育的机构。主要招收身心发展有严重缺陷的学生，通过教育发展他们的潜能，使他们增长知识、获得技能、完善人格，增强社会适应能力，成为对社会有用的人。顾名思义，"特殊学生"就是指在特殊学校就读的，身心发展上有各种缺陷的学生，本教材称为"特殊学生"，即狭义的特殊儿童。我国特殊教育学校的教育系统按照义务教育、高中教育、职业教育和高等教育划分。义务教育阶段的特殊教育学校，一般按照学生的残疾类别进行分类，分设盲校、聋校、培智学校。按照布局规划，省级建盲校，地市县级建聋校，县区级建培智学校。现在由于残疾儿童入学率的上升和接收残疾儿童类别的增多，很多地方在县级和市级建综合性的特殊教育学校，有的包括盲、聋两类；有的包括聋、培智两类；还有的包括盲、聋、培智三类。高中阶段的特殊教育学校，目前只有盲和聋两类。一般在义务教育之后，会开设职业高中或职业中专。高等教育阶段的特殊教育有两种情况：一是残疾人进入普通高校学习；二是残疾人进入特殊教育高等学校学习。

从新中国成立初期到20世纪80年代中期，特殊学校一直是我国实施特殊教育的主要形式。2007年颁布实施的《残疾人教育条例》进一步规范了残疾人的教育问题，从学前教育、义务教育、职业教育、普通高级中学以上教育及成人教育等方面对残疾人教育做出规定。为推进特殊教育的发展，党中央、国务院高度重视特殊教育。从党的十七大报告中的"关心特殊教育"，到党的十八大的"支持特殊教育"，再到党的十九大的"办好特殊教育"，党和国家从来都没有忘记特殊的孩子们，更没有忘记特殊教育这个领域。2016年7月28日，习近平总书记指出，"中国有八千多万残疾人，2020年全面建成小康社会，残疾人一个也不能少"。《国民经济和社会发展第十三个五年规划纲要》要求"提升残疾人群特殊教育普及水平、条件保障和教育质量。"国务院印发的《国家教育事业发展"十三五"规划》和《"十三五"加快残疾人小康进程规划纲要》都对推进特殊教育改革发展提出了新的要求。而党的十九大提出的"办好特殊教育"，更是为特殊教育提出了更高的目标。特殊教育不能仅仅停留于关心、爱护与支持层面，而应当办出质量、办出水平，让残疾儿童称心，让人民群众满意，将特殊教育学校不断推向新的发展高度。

二、特殊学生的分类

为更好地发展教育、训练及医疗等，对身心发展有显著差别的学生做出类别划分。不同国家和地区都在不同时期从不同的角度进行分类。从医学或心理诊断角度，可按异常或残疾的种类划分，如区分为天才儿童、智力落后、聋童、盲童、行为障碍儿童等；从残疾程度的角度，可再对每一类分为极重度、重度、中度、轻度或边缘几个等级；从致残时间的角度，可分为遗传性、先天性和后天性。除此之外，还可从致残原因、受教育方式等角度来划分。有些国家不对特殊人群按残疾种类分类，仅分为有特殊教育需要的学生，也有些国家为了教育方便，仅按程度而不考虑残疾种类进行划分，把轻度学习障碍、情绪障碍等残疾学生划分为一类进行教育。《中华人民共和国残疾人保障法》将残疾人分为视力、智力、精神、多重和其他残疾。2006年第二次全国残疾人抽样调查分别把视力、听力、言语、智力、肢体、精神及多重残疾按其类别的程度，各分为4级。

三、各类特殊学生的定义

(一) 听力障碍学生的定义

听力障碍又称为听力残疾（也称听觉障碍）。1987年开展的全国首次残疾人抽样调查中使用"听力残疾"，随后我国的法律、法规也多采用"听力残疾"这一名称。2006年第二次全国残疾人抽样调查中对听力残疾的定义是："由于各种原因导致双耳不同程度的永久性听力障碍，听不到或听不清周围环境声及言语声，以致影响日常生活和社会参与"。听力残障儿童我们可以理解为"在0～14岁这个年龄阶段，由于各种原因导致双耳听力丧失或听觉障碍，听不到或听不清周围环境的声音，从而难能同一般人进行正常的语言交往活动的人"。

听力障碍儿童根据听力受损的程度不同可分为听力完全丧失及有残留听力但辨音不清、不能进行听说交往两类；或者听力残疾一至四级。听力损失的程度一般用平均听阈来判定，是指个体在500Hz、1000Hz、2000Hz、4000Hz四个频率上的纯音听阈。第二次全国残疾人抽样调查对听力残疾的分级标准是：听力损失≥91分贝为听力残疾一级（极重度）；听力损失81～90分贝为听力残疾二级（重度）；听力损失61～80分贝为听力残疾三级（中度）；听力损失41～60分贝为听力残疾四级（轻度）。另外也有从医学角度根据听觉损失的部位来划分，把听力损失发生在中耳和外耳称为传音性听觉障碍，把耳蜗内以及耳蜗后听神经通路病变导致的听力损失称为感音性听觉障碍，把前两种听力损失都有的称为混合性听觉障碍。随着科技的发展，对听力障碍儿童进行听力干预，如佩戴助听器或植入人工耳蜗等，并根据助听干预的效果进行听力康复，效果评估分级为最适合、适合、较适合和看话四个层次。不管从哪个角度分类，了解听力障碍儿童听力损伤的原因和程度情况不仅对我们从事教育教学是必要的，对我们进行健身瑜伽教学指导也是非常重要的。

（二）视力障碍学生的定义

什么是视觉障碍？什么是盲人？《中华人民共和国残疾人教育法》中从教育的角度做了如下定义：视觉障碍是指视觉的损伤，即使经过矫正，仍然给儿童的学习带来不利的影响。这一术语既包括剩有部分视力，也包括全盲。许多视障人士仍然有一些剩余视力。1/4的视障人士可能是盲。在视障学生中，大约一半的盲是在出生前或出生后发生，其视障的分类情况见表1-1。

表1-1 视觉障碍的分类

分类	描述
视觉障碍	全盲和部分视力的总称
部分视力	能够阅读大体字或放大的印刷符号
盲	不能阅读大字体或放大的印刷符号
法定盲	优眼最佳矫正视力为20/200英尺或以下；视野最大直径所对的角小于20度

续表

分类	描述
移动视觉	能看到5~10英尺（1.5~3米），而正常视力能看到200英尺（60米）（5/200~10/200）； 运动知觉：能看到3~5英尺（1~1.5米），而正常视力能看到200英尺（60米）；这一视力几乎使运动知觉完全受限
有光感	能够辨识3英尺（1米）内的强光，但不能察觉到同样距离内手的运动（<3/200）
全盲	不能识别直接照进眼睛的强光

（三）智力障碍学生的定义

智力障碍学生是指年龄在6~18岁，智力明显低于一般水平，即智商在70或以下，并且在以下的生活范畴中有两项或以上，相对于同文化同年龄的人发展得迟缓的学生——沟通、自我照顾、家居生活、社交、使用社区资源、认路、学术、工作、余暇、健康及安全。

智力障碍是永久的缺陷，既不是疾病，也不是精神病，不是药物可以治愈的。若依据智商程度，智力障碍学生可划分为：轻度智障：智商介于50~69；中度智障：智商介于25~49；严重智障：智商在25以下。

（四）自闭症学生的定义

在医学上，自闭症（孤独症）是一种在儿童发展时期已出现的异常情况，称为发展障碍。患有自闭症的儿童有可能会在智力方面发展不平衡，而且也会出现异常的行为，比如不断地重复某些活动或者日常生活上表现得极其固执。自闭症儿童的发展与其他儿童相比，最大分别是语言、沟通、社交以及行为方面的异常。

（五）肢体障碍学生的定义

肢体障碍学生是指运动系统的结构、功能损伤造成四肢残疾或四肢、躯干麻痹、畸形等而致人体运动功能不同程度丧失以及活动受限的人群。包括以下三种情况：

①上肢或下肢因伤、病或发育异常所致的缺失、畸形或功能障碍；

②脊柱因伤、病或发育异常所致的畸形或功能障碍（脊柱侧弯45度以

上者）；

③中枢、周围神经因伤、病或发育异常造成的躯干或四肢的功能障碍。

肢体障碍又分为以下四种等级：

①肢体残疾一级：不能独立实现日常生活；

②肢体残疾二级：基本上不能独立实现日常生活；

③肢体残疾三级：部分能独立实现日常生活；

④肢体残疾四级：基本上能独立实现日常生活。

四、各类特殊学生的特征

（一）听力障碍学生的特征

听力障碍学生由于听力的受损，较健全人少了通过听觉系统获取外界信息的渠道，同时他们在日常生活中需要用非口语的沟通方式进行学习和交流，而运用听觉和口语却是大多数人日常生活最主要的沟通方式，不难想象听力障碍对学生认知、语言、情绪、个性等方面的不利影响。诸多研究也发现听力障碍学生的教育水平大都落后于健全学生，在语言、认知、情绪和个性发展等方面大都表现出不同于健全学生的特征。

1. 听力与语言方面

由于听力受损，导致他们无法准确或完整地获得外界的声音信息，从而也影响他们对事物的感知。并且，他们又无法用语音进行表达或清晰表达，因此听障学生发音异常不清、词汇相对较少等现象普遍存在，如发音不全、声音嘶哑、音量高低长短不控、难以或无法用语音准确表达需要沟通的信息等。

2. 认知方面

听力障碍学生很难通过听觉认知和理解外界声音信息，他们对事物的认知、理解更多地依赖于视觉、触觉和动觉来获取，不能形成视听结合的综合信息。因此听障学生获取的信息经常不够完整，在理解方面存在欠缺。但在视觉、触觉和动觉等方面的发展往往优于普通儿童的发展。

3. 注意方面

听力障碍学生对事物注意以视觉注意为主，但与健全学生相比，听力障碍学生的有意注意和无意注意的形成及发展都比较缓慢，有意注意的稳定性较差，往往需要活动来吸引和支持。另外，听障学生注意的分配存在困难，难以做到既听又看，视觉兴奋和听觉兴奋不能一起产生，也不能集中在不同的视觉对象上，注意转移能力也较差。

4. 记忆特点

听力障碍学生的形象记忆要优于抽象记忆，如对直观形象的事物容易记住，而对语言文字词汇的记忆要难得多。另外，无意记忆一般要优于有意记忆，主要是他们的有意记忆的发展需要依赖于对记忆任务的意识、活动的动机和情绪作用以及多种感官的参与。

5. 思维特点

由于语言发展缓慢，这期间他们的思维发展表现更多的是具体形象性。主要依据头脑中的表象或表象的联想来思考，能够掌握具体事物的概念，却难以理解掌握抽象的概念。但他们的抽象逻辑思维能力一般都会随语言的发展和认知水平的提高而提升。

6. 情绪特点

因听觉损失，语言发展迟缓，常以情绪的外部表现作为交流方式，而我们对听力障碍学生的表情动作往往很难准确理解和把握。同样，他们也会难以接受健全人的不解反应，所以有时容易产生误解，导致听力障碍学生出现情绪问题，如自卑、孤独、胆怯等。

虽然听力障碍学生因听觉上的障碍在其他许多方面都表现出异于健全学生的发展特征，但是在整体上依然遵循着与健全学生一样的发展规律。因此，为了保障他们能够融入正常的教育成长环境，我们在生活中应该把他们同正常孩子平等对待，为他们营造和谐适宜的社会环境，使其最终融入主流社会。听力障碍学生作为社会的一分子，全面了解其发展特征，能使我们更好地通过瑜伽健身来弥补他们的不足，提供使其全面发展的教育对策，正确地应对其存在的障碍，促进其身心健康发展，为他们融入社会、享有正常生活、实现社会价值打下基础。

（二）视力障碍学生的特征

人类所处的环境在很大程度上是一个视觉性的环境，个体与周围环境的互动大量依赖于视觉。因此，视障对儿童与周围环境的互动会产生严重的影响，进而影响儿童自身发展。但视障儿童也是成长中的儿童，视障对儿童的影响，是基于儿童身心发展规律而产生的，并且在与视觉功能联系较少的发展领域，视障的影响也非常有限。因此，视障儿童发展有其常态的一面，也有异于明眼儿童的一面。

1. 视障学生身心发展的一般性

首先，视障学生与明眼学生身体发育的规律基本相同，包括身高、体重的增长，骨骼、肌肉、内脏器官的发育成熟等，到了一定年龄都会表现出相应的特征。同时，视障学生的心理发展基本规律与明眼学生也一致，其心理发展的生理基础、发展趋势以及心理发展所需的内、外部条件，都与明眼学生相同。一些实证研究也表明，视障学生与明眼学生的感知觉能力、智力、言语发展和教育成就基本上相同，并且已有的差异也可能是因为教育或生活上的原因造成的。

2. 视障学生身心发展的特殊性

（1）身体发育的特殊性

视障对儿童身体发育及器官功能的成熟并没有直接和必然的联系，却存在着一定的间接影响。这种影响在儿童出生后的头几个月内并不明显，但随着视觉越来越多地参与并支配儿童的身体运动，视障对儿童运动及身体发育的影响便日渐显现出来。

视障导致外界环境的视觉刺激缺乏，致使视障儿童缺少抓握物体的动机，手和身体运动发展及精细动作发展等延迟，而身体运动能力发展的迟缓，又影响到他们的活动范围和活动量，并且由于视障所产生的对周围环境的恐惧感，以及担心周围环境可能带来的身体伤害，从而使视障儿童主动或被动地减少了身体运动。在没有充分康复训练的情况下，这就造成视障学生体质羸弱，身体发育明显落后于明眼学生。很多视障学生身材矮小、瘦弱、心肺容量小、肌肉不发达、脊柱异常弯曲的现象也比较多见。较早的调查发现，视障儿童的身高、体重、坐高、大腿围、肩宽、骨盆宽等项的发育等级都低于同龄明眼学生。近期的调查发现，尽管随着教育和生活水平的提高，多数年龄段的视障学生的身体形态指标与明眼学生相比没有显著差异，但是他们的身体机能与素质指标仍有显著差异。

（2）心理发展的特殊性

首先，由于获取外界信息的途径和类型不同，视障学生与环境的交互方式有别于明眼学生。视障者主要通过听觉、触觉以及身体动觉获取环境信息，因而对外界环境的识别也主要是通过声音、触摸及身体感觉。例如，视障者在分辨人时，主要是依据人的声音，包括语音和行走时的声音。其辨认事物的形状以及一些物品则是用手触摸。由于视障学生更多地依赖和运用听觉与触觉等其他感觉，这又增强了他们这些感官在实际生活中的功能表现，以至于有人认为视障者的这些感觉能力比明眼人更好。

其次，视障限制了视障学生获取经验的广度和多样性，导致视障学生的经验内容比明眼学生贫乏，在一定时期内认知水平滞后于明眼学生。

最后，视障也可能间接地导致儿童的人格和社会适应出现问题。在明眼儿童看来轻而易举的事情而视障儿童则往往难以完成，频繁地需要他人帮助所形成的依赖感和无力感，又常导致视障儿童形成消极的自我概念。

3. 运动与体适能特征

（1）运动迟缓

视障学生运动迟缓的原因常常表现在以下方面：缺少与父母玩耍的机会；照看者本能的过度保护；儿童自身对于迅速运动的恐惧；视力障碍导致的运动动机减弱；缺乏观察其他运动现象的机会等。

（2）身姿偏移

身姿的偏移是视觉障碍中的普遍现象，他们往往都持以独特的头部姿势以求最大化地发挥自己的视觉功能。姿势偏移最明显的是先天性盲，因为他们自出生就没有机会看到其他人的坐姿、站姿和运动姿势。

（3）体象与平衡力迟滞

对于视障，身体形象和平衡能力也可能发展迟缓，这可能是由于平常身体平衡和姿势纠正的活动机会较少。因为视力在一定程度上作用于平衡能力，可以让人们看到一个参照点，从而帮助身姿稳定。通过参与一些诸如舞蹈、瑜伽等体育运动以及任何适龄的活动对于身体姿势和平衡能力的改善都有着重要的意义。

（4）步态失常

视障人群多出现步态失常现象，这种现象可以通过要求明眼学生闭上眼睛，在室内步行得到证明。他们的步态通常表现出较短的步幅、拖着脚走步、步速缓慢、在支撑上花费时间长、趋向于在一定的距离回避一条腿立地支撑。

（5）体适能水平低

视觉障碍学生的体适能水平一般低于明眼的同伴，他们比起明眼人需要更高水平的健身运动，有许多例子表明视障者需要花更多的努力达到与明眼人士同样的目标。

总之，视障学生运动功能和体适能发展中各要素的缺失主要归结于身体活动的机会问题，而不是能力问题。教师必须鼓励学生去感知运动的安全和益处，这可以通过教师和家长的合作来实现。

(三) 智力障碍学生的特征

智力障碍学生在生理、心理方面都存在一定的特征。

1. 智力障碍学生的生理特征

越是重度智力障碍的儿童，其生理发展与健全儿童的差异越显著。在动作发展方面，表现最差的是视觉控制、平衡、上肢协调、速度与灵巧，表现较好的是跑速与敏捷性，体力与反应速度多差于健全儿童；在视、听觉神经方面，智力障碍者存在问题偏多，尽管个别轻度智力障碍学生可能表现出较好的运动技能，但从总体上看，依然存在运动能力偏低、动作笨拙、手指精细程度低、协调性较差等问题。

2. 智力障碍学生的心理特点

智力障碍学生由于大脑发育受到不同程度的损害，因而使其在感知觉、记忆、思维、语言、个性等方面都与健全学生有着明显的差距。

(1) 感知觉特点

智力障碍学生其感觉的绝对阈限高于健全学生，绝对感受性则低于健全学生。感觉的产生依赖于刺激，没有刺激就不会有感觉。感觉的绝对阈限指刚能引起感觉的刺激量，而人能够觉察最小的刺激量的感受能力叫绝对感受性。由于大脑功能的缺陷，同一强度的刺激可能引起普通儿童的感觉，却不一定能够引起智力障碍学生的感觉。与智力障碍学生感知的迟钝和缓慢相联系的，是他们的感知范围狭窄，感知的信息量少。这表现在同一时间内能清楚感知的事物数量比健全儿童要少得多。此外，智力障碍学生的知觉恒常性也较差。把同一事物放在不同的环境之中，他们往往辨识不出。例如，字在黑板上能认识，在课本上可能就认不出来。

(2) 记忆特点

智力障碍学生的记忆有两个特点。第一，识记速度缓慢、保持不牢固、再现困难或不准确；第二，由于记忆的组织能力差，智力障碍学生不会采用分类等形式，不能理解记忆，因而其机械记忆能力较好。

（3）情绪特点

智力障碍学生情绪不稳定，容易受到外界情境的支配，其情绪与行为往往受机体的生理需要和激情所支配，在情绪与行为的控制方面不及健全学生。他们难以按照社会道德、行为规范来调节和控制自己的情绪和行为，一旦需要得不到满足，便可能有明显的情绪与行为表现。智力障碍学生情绪表达方式直接，他们通常不会隐藏自己的感受，并且常常伴有外显的行为。

（四）自闭症学生的特征

医学界有一套具体的标准来诊断儿童是否患有自闭症。香港的医生和心理学家参照美国和英国的标准为儿童作出诊断，采用较为普遍的是美国标准。美国精神医学学会在1994年公布的标准指出，每个自闭症学生都会显示出以下三个方面的特征。

1. 人际关系的障碍

①跟同龄的学生比较，自闭症儿童缺少建立友谊的能力；

②缺少主动与别人分享感受的能力和动机；

③缺少参与社交活动的动机，较喜欢独自玩耍；

④不能察觉别人的存在和需要，感受的能力较弱。

2. 沟通障碍（包括语言和非语言沟通）

①缺少运用基本身体语言的能力；

②会有明显的语言迟缓，部分学生可能完全不能运用语言；

③能部分运用语言的自闭症学生，不能像他们一样与人持续对话；

④即使有语言能力，说话时也有着特别之处，如吐字、语调高低抑扬和速度控制方面存在异常，说话的内容和句子结构明显异常；

⑤对沟通内容的理解能力比较弱，较难明白别人提出的问题、指示或者别人说的笑话；

⑥较少参与假想游戏。

3. 对事物的兴趣和处理方法明显表现出狭隘和固执

①坚持用特定的方法参与某种活动；

②会坚持用特定的程序或者模式做事，甚至拒绝改变；

③刻板而重复地做出某些动作；
④对某些事物的某部分有不同寻常的兴趣；
⑤兴趣狭隘。

（五）肢体障碍学生的特征

肢体障碍学生的身体发育在儿童阶段一般与健全儿童一样，在智力、思维、语言方面没有明显的缺陷，他们的学习是在教师指导下的认知或认识活动，这些活动要逐渐度过直接经验阶段，以间接经验为主。其思维初步过渡到抽象逻辑思维，逐步具备完整的思维结构。

不过，部分中重度肢体残疾学生由于身体虚弱，精力有限，感知会受到一定影响。肢体障碍学生的个性发展特征会明显受到所处环境的限制和挫折的影响。这一时期，肢体障碍学生已经完全体验到自己身体带来的痛苦，其生活和学习都不能正常进行，生活范围受到限制，学习时间不能保证，导致他们缺乏与人交往、沟通的条件，具有一定的孤独感。身体的残缺给他们心理上带来负担，常有不安全感、敏感和焦虑，害怕给别人造成麻烦而受人冷落。因此，他们在心理上对关心自己的人充满愧疚与感恩，总想通过行动表明自己的心迹，但往往失败，事与愿违。他们比健全学生面临更多的失败，所以容易出现退缩与过激行为，容易将自己的消极情绪发泄到别人身上。

第二节 特殊学生的身心特点

身心发展包括身体的发展和心理的发展两个方面，身体的发展是指机体的正常发育和体质增强；心理的发展是指认知、情感、态度及行为的发展。身体和心理两方面的发展是相互联系、相互影响的。一般来讲，学生的发展实质是遗传、环境、教育及自我内部矛盾运动的互相作用下，身心各方面所发生的量、质、结构变化的过程与结果。特殊学生的发展遵循着儿童身心发展的一般规律，但个体差异的显著性又决定了他们在发展的起点、过程、方式和需要上的不尽相同。因特殊学生不仅类别多，而且同类别个体差异在其发展过程中表现出各自的特点，这些特点错综复杂、互相影响。不同类别或不同缺陷的儿童，其认识活动发展的途径、速度、各种心理现象的相互关系等依缺陷不同而各有特点。不同缺陷使得这些儿童的发展受到不同的阻碍，也导致特殊学生身心发展的特殊性，所以特殊学生的身心发展既具有普遍性也有其特殊性。

一、特殊学生身心发展的普遍性

在生理上，绝大多数特殊学生的身高、体重、内脏器官的功能、大小肌肉的运动能力等，都会随年龄的增长而增长。在心理上，特殊学生的感知觉、记忆、语言、想象、思维的认知活动及情绪情感、意志等的进行和发展，也都遵循着从简单到复杂、从感性到理性、从不完善到逐渐完善的普遍规律。所以特殊学生的身心发展也应遵循健全学生身心发展的基本规律。

二、特殊学生身心发展的特殊性

特殊学生的身心发展与健全学生相比有显著的差别，这就说明其身心发展的特殊性。主要表现在三个方面：一是身心条件基础的不同，导致特殊学生身心发展的起点、过程和结果也不尽相同。二是特殊学生身心发展的迟滞性。在身心发展的过程中，由于障碍给他们的认知学习活动带来诸多的困难和不便，直接影响着发展的速度、深度和广度。三是特殊学生身心发展的差异性。因障碍类别、程度的不同，个体间的差异也很大，使其身心发展呈现出各具特点、复杂多样的差异性。

特殊学生虽然特殊，但同为社会人，我们每一个人都是平等的，虽然他们与健全学生的身心发展存在很大的差异，但也有很多共性。每个人都有很大的可塑性。我们常说人的潜能是无限的，都具有人类独特的神经系统，这神奇的神经系统蕴藏着巨大的潜能与极大的可塑性。无论一个人特殊与否，身心发展都有着共同的规律，虽然有快慢差异，但都具有逐步发展的可能性，对事物的认知一般都是由感性到理性、由具体到抽象、由低级到高级的发展过程。当然，不同的是特殊学生个别或部分感觉器官受损、大脑皮层功能受损等，使他们的发展存在有别于健全人的特征，个体间差异也很大。所以对于不同类型的特殊学生个体，要全面了解和具体分析他们的身心特点，评估其身心发展的可能性，然后探索合适有效的教育途径和方法，最大限度地挖掘他们的潜能，相信并促使其获得更好的发展。

第三节 健身瑜伽运动概述

本节重点介绍了健身瑜伽的基础知识，包括瑜伽的起源与概念、练习功效、特点与价值、瑜伽练习的常识与注意事项等。在本节中还特别介绍了一些瑜伽体式练习辅助工具。借助一些瑜伽小器械可以让瑜伽体式的完成变得更容易、更安全，这对初学者和特殊学生来说非常必要，使用瑜伽小工具也可以帮助练习者更标准地完成体式，减少受伤的概率。

一、瑜伽的起源与概念

（一）瑜伽的起源

瑜伽起源于公元前2500年的印度，已经流传了几千年，是印度古老智慧的结晶。瑜伽最初与宗教信仰有关，是少数修行者的一种修炼方式，一般在寺院、乡间小舍或茂密森林地带修持，讲授给那些愿意接受的门徒，随后逐步在印度普通人中间流传开来。有关瑜伽的文献《薄伽梵歌》在2500多年前问世，大约在公元前300年时，瑜伽大师帕坦伽利在他的著作《瑜伽经》中将瑜伽的修行系统化。瑜伽是印度哲学六大正统体系之一，包括姿势、呼吸、冥想、放松、瑜伽思想等，是一种融合了哲学、科学与艺术的古老的修炼方法。

（二）瑜伽的概念

1. 什么是瑜伽

瑜伽是梵文"YOGA"的音译，有"结合""相应""统一"之意。其含义是使身体、心灵和精神达到一种和谐的状态，是一个通过提升意识和身体能力，帮助人们充分发挥潜能的体系。

"瑜伽"一词的含义是"轭"，指用农具"轭"将牲口连在一起耕地，有驾驭牛马之意。随着瑜伽作为修行方法逐渐流行，它才成为这种修行方法的代名词，也有了"结合""相应""统一""连接"等含义。瑜伽也有克服与自我克服之意，相关研究将其含义解释为自我（小我）与宇宙本体（大我）的融合。瑜伽是身体、生理、心智、情感的结合，引领习练者体验一种整合性的，有活力、有意义的高尚生活，瑜伽体式运用古老而易于掌握的技巧，改善人们生理、心理、情感和精神方面的能力。

瑜伽集哲学、科学和艺术于一身，建立在古印度哲学上，数千年来，心理、生理和精神上的戒律已经成为印度文化中的一个重要组成部分。古代的瑜伽信徒发展了瑜伽体系，因为他们深信通过运动身体和调控呼吸，可以完全控制心智和情感，以及保持永远健康的身体，通过瑜伽提升意识，可以帮助人们充分发挥潜能。

2. 健身瑜伽的概念和内涵

今天的瑜伽着眼于身体的强健和内心的宁静，追求的是身心平衡和对身体活动及情绪的控制，以达到健身养生、促进身心和谐发展的目的。在医学、体育等学科领域里，越来越多的专家意识到瑜伽在预防疾病、促进身心健康和建立积极生活方式等方面所发挥的积极作用。

健身瑜伽是人们以印度传统经典瑜伽为依据，结合了运动养生、心理调节、心智开发、健康饮食等方面的内容，从实践中总结出的人体科学健身体系。健身瑜伽是以促进身心健康为目的，通过自身体位训练、气息和心理调节等手段，从而改善体姿、增强身体活力、延缓机体衰老，是体育养生的重要组成部分。健身瑜伽不是一个流派或一个分支，而是基本涵盖了瑜伽的全部内容，包括调身、调息、调心在内的一系列有益身心的锻炼方法。

二、健身瑜伽的练习功效

（一）强身健体，增进健康

通过瑜伽体式的练习可以活化僵硬的关节、韧带和肌肉，提高人体力量、柔韧和灵敏等素质，改善心肺功能，保持身体强健。

（二）纠正不良体态，保持姿态平衡

很多疾病都与姿势不正确有关，通过瑜伽练习可使脊柱、肌肉、韧带和每一个小关节处于良好的状态，纠正由于长期的不良身体姿势造成的体态问题，使人体保持正确姿态。

（三）调节新陈代谢，消除疲劳，维持内分泌平衡

瑜伽凭借意识调整呼吸，通过身体姿势的锻炼促进全身协调发展，可以调节

人体的新陈代谢，维持内分泌平衡。人体的内循环得到优化，气色自然会改善，经常练习瑜伽还会有美颜的效果。

（四）美化形体，调节体重

体式练习可以有效地消除多余脂肪，使身体形态更加紧实匀称。瑜伽饮食观提倡素食为主，食用天然的食物。在练习瑜伽的过程中，通过体式练习和维持饮食平衡可以达到塑造身材、美化形体的效果。

（五）调节身心，缓解压力

瑜伽练习中强调呼吸、体位、冥想三位一体，要求练习者保持舒畅宁静的状态，以此来缓解压力和紧张感，使人的身体和心灵调节到最佳状态。

（六）开发创造力，提升思维能力

瑜伽练习不仅可以提高人的专注力，增强记忆力，使人思维活跃，还可以充分挖掘练习者的身体潜能并激发创造能力。

（七）提升机体活力、生命力，提升幸福感

瑜伽练习会对人体各个系统进行全方位的调节，使人达到身心和谐的状态，从而提升机体活力，提升内在的幸福感，让练习者更热爱生活。

三、健身瑜伽的特点与价值

（一）健身瑜伽的特点

1. 修身与修心兼顾

一般的体育运动强调身体机械式的活动，无须运用太多意识，虽然可以使肌肉逐渐发达，但其效果并不均衡，且在运动的过程中容易消耗体力，产生疲劳，需要较长时间使其恢复。瑜伽体式练习可以对肌肉、消化器官、腺体、神经系统和身体的其他组织起到良好的促进作用，不仅能够提高身体素质，还可以净化身心、保护身心、治疗身心。通过瑜伽练习可以提高精神素养，促进身心平衡，非常适合压力大、工作繁忙、生活不规律的现代人。

2. 适用范围广，适合各年龄段和各类人群

瑜伽体式有易有难，强度有大有小，任何人都可以根据自己的实际情况选择

不同的难易程度、不同功效的瑜伽体式或瑜伽课程体系。无论年龄性别、身体健康状况如何、有什么宗教信仰或处于何种生活环境，都可以在瑜伽中找到适合自己的练习方式。

3. 瑜伽练习注重身体的自然感觉

瑜伽不同于体育竞技项目，不需要与任何人做比较。练习者只需要关注自己的身体，关注自身的每块肌肉、每个关节和每次呼吸，感受每次瑜伽练习给自己的身体和心理带来的变化。既可以深入练习，也可以简单练习，完全由练习者自己安排。

4. 对场地器材需求较小，易于推广和普及

瑜伽练习的场地可以在室内，也可以在室外，甚至是家中的一片空地或床上都可以进行简单的体式练习。瑜伽练习中所需的一些辅助器材也都价格实惠，且方便存放，如瑜伽垫、瑜伽拉力带、瑜伽砖和瑜伽球等。

（二）健身瑜伽的价值

瑜伽发展到今天已经成为一种修身养性的锻炼方法，一种减压健身的运动形式。瑜伽不仅能促进身心健康，还能帮助人们充分挖掘身体潜能，培养优雅的气质和优美的体态，具有健身价值、美学价值和教育价值。

1. 瑜伽对身体健康的促进作用

瑜伽的健身价值主要体现在以下几个方面：第一，必须进行实践，瑜伽的学习侧重于身心的结合，具有精神专注、动静结合、顺其自然的基本特征；第二，身体活动的特殊性，瑜伽有别于活动量较大的运动项目，具有身体开放性的特点；第三，活动目的与其他运动项目不同，大部分运动项目的主旨在于改善身体生理机能，而瑜伽则是在改善身体机能的基础上，关注精神的发展。瑜伽是以提升人的身心健康水平为主旨的练习活动。这些特点使瑜伽能较好地满足人们增进身心健康的需要。现代医学证明，瑜伽可以有效调节人体神经系统、内分泌系统等各大系统，进而改善身体健康。它不仅具有强身健体的基本功能，还可以给人带来极大的精神享受。

2. 瑜伽对心理健康的促进作用

瑜伽能够促进人们心理的健康发展。从心理与生理系统看，我们已经通过瑜伽的身体健康价值得以论证，继而说明了瑜伽在促进人体心理发展上有生理基础方面的优势。从心理与环境系统看，瑜伽具有不同于其他运动项目的微观环境，从练习场地、教学组织、学习氛围等各方面都有其自身独有的特征，它创设出一种易于交流的、信息通畅的特殊学习情境，使人的心理发展成为可能。从心理与活动系统看，瑜伽以实践性活动内容为主，动静结合的练习内容使瑜伽练习者在获得身体健康的同时，也获得了精神享受。从心理与心理系统看，瑜伽所带来的良好心理效应必然会对人们后续的心理发展产生良性影响，从而促使人们的心理得到健康发展。实践证明，长期坚持练习瑜伽对于人的心理健康具有明显的促进作用，可使困惑、疲劳、焦虑、抑郁和气愤等不良情绪得到显著缓解。

四、瑜伽练习常识与注意事项

瑜伽是一个安全性相对较高的运动项目，但同样有一些练习常识和注意事项要遵守，尤其是对于组织特殊学生进行瑜伽练习更应该注意遵循瑜伽练习的要求和规范。在组织瑜伽教学课程和开展瑜伽活动时，时刻提醒练习者，并引导其安全、科学地进行瑜伽练习。

（一）瑜伽练习的常识和基本要求

1. 瑜伽练习时间

根据课程的时间安排，可以随时进行瑜伽练习和课程的开展，只要练习方法正确，就可以收到很好的效果。但如果想要达到更好的效果，那么最好选择在清晨或傍晚，这两个时段是瑜伽练习的最佳时刻。清晨肠胃基本排空，大脑清醒，非常容易进入瑜伽练习的状态；傍晚时刻，一天的学习和活动结束时容易感觉身心疲惫，可以通过瑜伽静心、调理脊柱、伸展全身，达到缓解疲劳的效果。关于练习的频率，可以根据个体实际情况每周练习2~4次。

2. 瑜伽练习前后

瑜伽练习前后一小时内不要进食，练习前尽量排空腹部，让人体在清爽的状态下练习，避免自身的各种干扰，有助于更好地集中注意力。气温较高时，练习瑜伽的过程中可适量饮水，练习后注意补充水分，无论是练习中还是练习后补水，都要注意小口慢饮。瑜伽练习后不要马上沐浴，尽量间隔30分钟以上，待身体处于平和状态后再进行沐浴。

3. 瑜伽练习服饰

瑜伽练习时赤足为宜，天气寒冷时可选择五趾袜或专业的防滑袜。服装应选择宽松、轻便、舒适或紧身有弹性的健身服，不要佩戴影响练习的装饰，且不要佩戴任何饰品，如手表、戒指、耳环等，避免饰品脱落或动作过程中的挤压造成练习者损伤。

4. 瑜伽练习场所

瑜伽练习基本不受场地限制，学校的舞蹈室、草坪、操场均可进行。但为了保证瑜伽练习的效果，尤其是集体练习瑜伽时，场地应保持通风、安静、舒适。不宜在过硬的地板或过软的弹簧垫上进行练习，练习时应在地板上铺置一块毯子或使用专业的瑜伽垫。若条件允许，选择自然环境良好的室外场所练习效果更佳，如鸟语花香的树林间、清净幽雅的青草地等。

5. 瑜伽音乐

为了使瑜伽练习达到更好的效果，在瑜伽练习中可以选择一些旋律优美、舒缓、有大自然元素的（如流水、鸟鸣等）音乐作为背景音乐。为了更加符合学生的心理发展需要，在瑜伽课程中也可以选择充满童趣的慢节奏音乐作为背景音乐。有了音乐的辅助和配合，可以使参与练习的学生更加投入，心情也会更加愉悦。

（二）瑜伽体式练习注意事项

在进行瑜伽体式练习时应注意以下几方面：

①练习瑜伽时应专注，始终关注自己的身体感受，保持有规律且深而长的呼吸，如果没有特殊要求，练习时应用鼻子进行呼吸。

②如果在保持某一姿势时，练习者发生痉挛或教师发现练习者体力不支，应立即停止该动作，并对不适部位加以按摩。

③练习瑜伽不能急功近利，坚持练习一段时间才能感觉到明显的效果。练习要循序渐进，不要一开始就选择强度过大、难度过高的体式。急于求成的急躁心态不但影响练习效果，还可能导致练习者运动损伤。

（三）"Namaste" 来自瑜伽的问候

Namaste 由以下几个音节所组成："Nama" 的意思是鞠躬；"as" 意味着我；"te" 代表你。因此，Namaste 的意思是"你我互相鞠躬"或"我向你鞠躬"，中文的意义可以理解为您好、感谢及致意的意思。

在印度，当人们用 Namaste 表达感谢时，在语言表达的同时还会有相应的鞠躬动作。通常将双手合掌放在身体的胸口位置,闭上眼睛,点头鞠躬。也可将双手合掌于眉间额头处,点头鞠躬,再将手带到胸口的位置(图1-1)。瑜伽哲学认为,透过Namaste的语言和姿势表达,可以增强人与人的关系与信赖感,透过精神中心而相互交流。双手合掌这一简单的动作,代表无上的祝福,并自然地将人们的心灵软化,平息杂念,培养人们谦卑的心态。如今,在瑜伽课结束的时候,师生们通常都会彼此合掌互道一声Namaste,以表达尊敬和感谢。Namaste经常被称为"来自瑜伽的问候"。

图1-1　Namaste的动作表现

五、常用瑜伽体式练习辅助工具

在瑜伽练习过程中,借助一些工具可以让瑜伽体式的完成变得更为容易,这对初学者来说非常必要。使用瑜伽小工具也可以帮助练习者更标准地完成体式,减少受伤的概率。随着瑜伽运动的不断发展,越来越多的工具被开发出来,正确选择瑜伽辅助工具可以提升练习效果,也可以为瑜伽练习带来更多的乐趣和新鲜体验。常用的瑜伽辅助小工具有以下几种。

(一)瑜伽伸展带

瑜伽伸展带一般长度为1.5~2.5米,宽度为3~4厘米(图1-2),多为棉和涤纶的织物材质,有一定的强度,无弹性。瑜伽带可以帮助练习者将动作做到位,具有辅助延伸和完善体式的功能。

(二)瑜伽砖

一般为塑料EVA材质,也有一些为木质材质。常用的瑜伽砖尺寸为:长23厘米,宽15厘米,厚7.5厘米(图1-3)。瑜伽砖可用来帮助练习者伸展身体、支撑身体、保持平衡等,用瑜伽砖辅助练习可以降低体式的难度,保证初学者的练习安全。如果是在家中练习一些简单的体式，可以将几本书摞起来形成一定的高度，也能起到同样的作用。

图 1-2　瑜伽伸展带　　　　　　　图 1-3　瑜伽砖

（三）瑜伽垫

瑜伽垫是瑜伽练习时的必备物品，一方面，它有防滑的作用，在进行瑜伽练习时可以增加抓力和稳定性；另一方面，它可以避免练习者身体与硬地面直接接触。瑜伽垫有多种尺寸。材质方面，目前市面上常见的材质是 NBR 高密度泡棉材质和 TPE 聚合物橡胶材质，另外还有天然橡胶垫和天然亚麻橡胶垫等高端材质（图 1-4）。专业的瑜伽垫有厚薄之分，可以依据练习者个人习惯和练习程度来选择。

（四）瑜伽薄毯（铺巾）

在瑜伽练习时准备一条薄毯（铺巾）可以使练习更加舒适，在体式练习时薄毯（铺巾）可以通过各种折叠方式调整厚度，在某些体式中也可作他用（图 1-5）。同时，在瑜伽休息式时可以用毯子（铺巾）来保暖。

图 1-4　瑜伽垫

图 1-5　瑜伽薄毯（铺巾）

（五）弹力带

弹力带的尺寸一般为长 150 厘米，宽 15 厘米，厚约 3 毫米。多为乳胶材质，有各种不同的阻力磅数（图1-6）。使用弹力带练习瑜伽体式可以通过抗阻训练的形式，提升练习的效果。

（六）瑜伽球

瑜伽球多为PVC材质。充气后形成直径55厘米、65厘米或75厘米的弹性圆球（图1-7），既可以降阶也可以进阶来练习瑜伽体式，在不稳定的球面上支撑可更好地提升深层稳定肌群力量，改善平衡能力，同时也为瑜伽练习增添了趣味性。

图1-6　弹力带

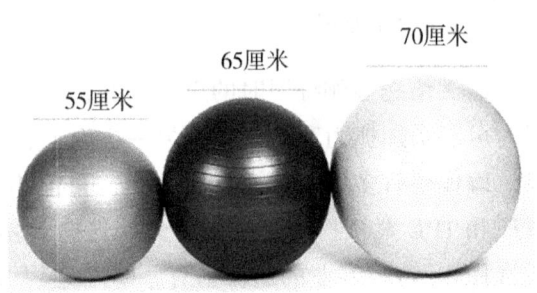

图1-7　瑜伽球

（七）瑜伽轮

瑜伽轮是近年来瑜伽界的新宠。它是一个直径约33厘米、宽15厘米、中空的圆形圈（图1-8）。内层为PP材质，外层由TPE橡胶包裹。瑜伽轮被称为后弯体式神器，它的轮形设计可以有效辅助后弯体式的完成，也可以作为倒立、支撑、平衡等类型体式的辅助工具，具有良好效果。

（八）瑜伽椅

瑜伽椅是一款为瑜伽练习人士开发的专业辅助设备，专业瑜伽椅是练习者进行脊柱、背部练习的辅助工具（图1-9）。借助瑜伽椅，练习者可以轻松完成坐姿扭转和背部支撑等动作，让双肩和背部得到舒展，同时保证了练习的安全性和有效性。椅子可折叠，便于收纳。

图 1-8　瑜伽轮

图 1-9　瑜伽椅

第四节　特殊学生健身瑜伽定义

瑜伽是全世界公认的有益身心健康的运动项目，可让人的身体、心灵得到慰藉，有非常好的身体调节、心理调节和精神滋养等功效，是东方人智慧的结晶。在全世界范围内，瑜伽也被广泛运用于特殊教育当中，特殊学生练习健身瑜伽有非常多的好处，特殊学校开展健身瑜伽课程具有重要意义。

一、特殊学生健身瑜伽

通过练习健身瑜伽的各种内容，如呼吸练习、体式练习、冥想练习等，以学校体育课程的形式统一进行，让瑜伽这个项目在特殊学校逐渐开展起来并为其服务。通过特殊学生健身瑜伽课程的教学实施和日常练习，帮助他们达到提高身体素质、纠正不良体态、促进功能康复和补偿、愉悦身心的目的。瑜伽在全世界范围内已广泛运用到运动、康复、心理调节等各个领域，瑜伽运动的功能也逐渐得到大众的认可。特殊学校开展健身瑜伽运动非常契合特殊学生群体的需要，也将成为一种趋势。特殊学生通过瑜伽练习可以提升健康水平，开发潜能，促进身心协调发展，帮助他们更好地融入社会和生活。

瑜伽是一项包容性很强的运动，练习内容可简可繁，练习强度可大可小。同时，瑜伽练习不仅有身体练习，还包括呼吸练习、冥想练习等内容，通过练习可以调节特殊学生的不良情绪，使之精神放松。教师可以利用瑜伽运动本身的特点，开展特殊学校的瑜伽课程，本教材第四章至第八章详细介绍了各种不同类型的特殊学生健身瑜伽课程的设计方案、体式组合等，可供特殊学校教师开展课程时使用和参考。

二、特殊学生健身瑜伽课程的特点

特殊学生健身瑜伽课程在开展过程中应区别于成人瑜伽和健全学生的瑜伽课。要充分考虑到特殊学生的身心特点，有针对性地安排练习内容和设计教学环节。

在开展特殊学生健身瑜伽课程时，要根据不同的残障类型和严重程度进行不同的组织和方案设计。瑜伽课程的开展可以先从简单的体式开始，或者将各种瑜伽体式进行简化或降低要求，主要目标是培养特殊学生参与健身瑜伽运动的兴趣和爱好，体验健身瑜伽运动的乐趣。课程中体式难度、运动强度等都要循序渐进，逐步提高。每一个教学内容都应进行特别设计，为了更符合特殊学生的心智发展水平，可以将课程内容游戏化，使之具有趣味性，让学生更易于接受，同时给练习者带来美好的感受。

通过教师和特殊学生的共同努力，瑜伽练习的效果将逐渐得以显现，不仅可以增强特殊学生的体质，更能帮助特殊学生调节心理状态，学会控制情绪，达到身心协调发展的目的，为融入社会打下坚实基础。

（一）循序渐进，降低难度和要求

在特殊学生健身瑜伽体式内容中，每个体式都标注了难度星级，教学中不必要求学生将每个体式都做到完全标准，而应根据学生的个体情况，在正确动作轨迹的基础上做到可承受的幅度即可。无论体式的难度如何，每个动作还可以采用降阶的方式，继续降低难度来完成。同时还鼓励教师利用各种各样的健身瑜伽辅具，如瑜伽砖、瑜伽柱、瑜伽带等，来辅助学生练习体式。利用辅具练习不仅可以降低练习难度，提高练习安全系数，同时也为瑜伽课程增添了很多新鲜感和趣味性。

（二）课程设计突出趣味性，体验运动乐趣、体验成功

特殊学生健身瑜伽课程的设计应考虑到学生的心智发展水平和各种不同类型的情况，在强身健体的大目标基础上，主要以培养兴趣为主，课程设计要突出趣味性，不能一味要求动作技术和运动强度。最常用和实用的方法就是将学习内容游戏化。例如，在练习过程中用身体模仿小动物特征、植物外形特点等方法做出

各种瑜伽体式，尽量让练习者身体的每一部位保持正确的姿势，相互协调运作。通过健身瑜伽课程的练习，不仅能使特殊学生达到强身健体的目标，还能令他们体会瑜伽带来的乐趣，体验成功的感受。

（三）促进功能康复和补偿，调节身心状态

瑜伽是一项包容性很强的运动，练习内容有简有繁，同时也具有很好的功能性。通过健身瑜伽调身、调息、调心在内的一系列有益身心的锻炼方法，让每种不同类型的特殊学生都能从中受益，促进功能的恢复和补偿。通过长时间的练习不仅使身体健康水平得到改善，同时也可以解决大多数特殊学生都会存在的心理健康问题和情绪问题。

（四）注重合作与交往能力培养，为融入社会打下基础

特殊学生健身瑜伽课程的设计还应注重学生合作、交往等能力的培养，为他们将来融入社会打下良好基础。在课程中通过游戏、个人展示、双人配合、小组合作、表演等各种方式克服特殊学生羞涩、畏惧等心理，让他们融入开心的氛围，重获信心，学会与人相处、与人合作。应该不断激励、鼓励学生逐渐融入瑜伽课堂，使他们通过自己的努力、老师的指导、同学之间的配合得到进步，达到目标，形成良好的心理品质。

三、特殊学生练习健身瑜伽的意义与作用

瑜伽是全世界公认的有益身心健康的运动项目，可让人的身体、心灵得到慰藉，有非常好的身体调节、心理调节和精神滋养等功效，是东方人智慧的结晶。在全世界范围内，瑜伽也被广泛运用于特殊教育当中，特殊学生练习健身瑜伽有非常多的好处，特殊学校开展健身瑜伽课程具有重要意义。

健身瑜伽运动可以建立身体、呼吸、意识的连接，通过瑜伽体式练习能够强壮身体，增进健康水平，还能提升柔韧性，改善身体姿态。通过呼吸和冥想练习，能够提升专注力、自控力，开发内在潜能。通过健身瑜伽课程练习可以帮助特殊学生培养开朗自信的性格，提升社会交往能力，使他们更好地融入社会。特殊学生练习健身瑜伽的作用主要体现在以下几个方面。

（一）增强体质，增进健康

对于学校体育教育而言，增强体质、增进健康是首要任务，对于特殊学生来

说也不例外。健身瑜伽练习通过体式、呼吸、冥想等内容，可以强化肩带、手臂、核心、腿部等身体各部位力量，提升身体伸展度和柔韧性；增强心肺功能，预防感冒、气喘等；平衡人体内分泌，刺激全身腺体；增强消化功能，提升免疫力。

（二）提升运动素质

通过健身瑜伽练习可以提高学生的力量、柔韧、平衡、协调等各种运动素质。运动素质的提高对提升人体健康水平有积极影响。另外，许多特殊学生存在身体平衡能力薄弱、协调性差的问题，瑜伽练习对提高身体的平衡能力和协调性有很大帮助，通过瑜伽练习提高平衡和协调能力，对促进特殊学生的功能康复和补偿以及应对正常生活有积极意义。

（三）纠正不良体态，改善体姿

正确的身体姿态是人体健康的基础，特殊学生由于身体上的各种残障问题和功能缺失，产生了一系列代偿反应，常常会造成各种身体姿态的问题。健身瑜伽练习通过提升力量、柔韧等身体素质，纠正不良体态，改善体姿。

（四）调节不良情绪，增强自控力

许多特殊学生都存在一些心理健康和情绪问题，比如恐惧、羞涩、不自信、不合作、情绪化等。瑜伽练习通过呼吸、体式、冥想等练习内容可以帮助练习者放松身心，调节不良情绪，消除紧张感，平稳思绪。通过练习还可以逐步增加练习者的自控力和专注度。

（五）提升与人合作能力和社会交往能力

在特殊学校健身瑜伽课中设计的一些教学环节，比如游戏、个人展示、双人配合完成体式、体式表演等，可以帮助学生学会与人相处、与人合作，提升其社会交往能力，培养学生的自信心，使其克服畏惧心理，为他们将来融入社会打下良好基础。

（六）感受运动乐趣，让特殊学生养成终身运动习惯

对于特殊人群而言，最终的教育目标就是使他们在未来能最大程度地克服自己的残障问题，像健全人一样拥有自己的生活。找到一项适合自己的、对身心有

益的运动并坚持下来,养成终身运动的习惯,对于特殊学生来讲具有重要意义。特殊学生健身瑜伽致力于让每一个学生感受瑜伽运动带来的乐趣,体会瑜伽运动给身心带来的好处,从而坚持下来,养成终身运动的习惯,更好地面对未来的生活。

第二章
特殊学生健身瑜伽体式

瑜伽体式众多，有易有难。在本章中选择了安全系数较高、难易程度好控制的体式，作为特殊学生健身瑜伽体式教学的内容。在教学过程中可根据学生年龄、身体条件等实际情况选择适合的体式组织教学。为了让年龄较小的学生更加容易接受，部分瑜伽体式标注了两个名称：一个是体式标准名称，另一个是更加儿童化的瑜伽体式名称。

本章将详细介绍各瑜伽体式的完成方法、功效和注意事项等，教师可根据课程内容和学生的实际情况选择瑜伽体式进行教学设计。

第一节 瑜伽呼吸法、体位法、冥想法与休息术

瑜伽呼吸、体位、冥想、休息术是瑜伽的四个主要组成部分，只有充分了解才能掌握瑜伽的精髓。本节将详细介绍呼吸法、体位法、冥想法与休息术的概述、练习益处和意义、练习组织方法等。

一、瑜伽呼吸法

呼吸是瑜伽练习的重要组成部分，也是瑜伽练习能否收到良好效果的关键所在。呼吸是联系人生理与精神的纽带，正确的瑜伽练习应先从呼吸练习开始。

（一）瑜伽呼吸法概述

呼吸是人类生命的表征，当气息通畅地在身心之间流动时人们会感到朝气蓬勃。受生活习惯等各种因素的影响，很多人的呼吸方式是比较表浅的。瑜伽强调用深长、稳定、缓慢的呼吸方式进行呼吸，比如腹式呼吸、完全式呼吸法，可以

让机体获得更充分的氧气供应，从而提高身体的健康水平。

（二）练习瑜伽呼吸的益处

在特殊学生的瑜伽练习中，对于呼吸的要求不需要像成人瑜伽那么高，但重视呼吸的练习对培养正确呼吸模式、调节情绪、提高呼吸系统机能水平等多个方面都大有益处。

1. 增加肺活量

瑜伽强调深而长的呼吸，经常练习有益于增加肺活量，还能帮助改善哮喘和气管敏感等问题。

2. 提升注意力

对于贪玩好动的少年儿童来说，集中注意力是最困难的。通过呼吸调节练习和老师引导，特殊学生逐渐学会控制自己的注意力，这对将来的学习和生活都有好处，可以使他们在安静的环境中学会与外界相融合，锻炼其耐力和静思能力。

3. 控制情绪

呼吸与人的心理和意识相连接。学会调节呼吸能帮助稳定和控制情绪。特殊学生由于身体或心理上的缺陷，经常会出现情绪不稳的状态。通过瑜伽呼吸的练习，可以让其掌握调节呼吸的方法，从而逐步尝试并掌握通过呼吸调节来舒缓情绪、控制情绪的能力。

（三）瑜伽呼吸的分类和完成方法

根据呼吸的部位，瑜伽呼吸一般分为腹式呼吸、胸式呼吸和完全式呼吸三种方式。

1. 腹式呼吸

（1）练习方法

①坐姿或仰卧，双手叠握，轻放在肚脐上方，帮助感受呼吸时腹部的起伏，感受气体的吸入与呼出。

②吸气，膈肌收缩逐渐下降，腹部向前隆起，吸气越深，腹部隆起越高。感受气息充满腹部。

③呼气，膈肌自然回升。腹部逐步向内收回，并继续向脊柱方向收缩。借助收缩腹部的力量把废气从肺部呼出（图2-1）。

（2）作用

由于腹腔压力的规律性增减，腹内脏器活动增加，从而改善了消化道的血液循环，促进消化道消化吸收功能的发挥，增强肠蠕动，防止便秘，加速毒素的排出，促进肺部废气、浊气的排出，促进全身血液循环。

（3）注意事项

①练习腹式呼吸时，尽量不要活动胸廓和肩膀，身体的起伏主要集中在腹部。

②无论是吸气还是呼气，都应尽量达到极限。

③练习腹式呼吸时尽量着宽松服饰，过度紧身的内衣会妨碍腹部的收缩和舒张。

2. 胸式呼吸

（1）练习方法

①坐姿或仰卧，双手可放在胸部两侧的肋骨上，帮助感受呼吸时胸部的隆起和收缩。

②吸气，胸部扩张，腹部保持平坦，把空气直接吸入胸腔，肋骨向两侧扩张推出。

③呼气，肋骨向下并内收，感受气息完全呼出体外（图2-2）。

（2）作用

胸式呼吸有助于体内废气的排出，净化血液，改善循环，还可以帮助舒缓情绪。

（3）注意事项

①练习胸式呼吸时，注意力应集中在胸廓，身体的起伏主要集中在胸廓。

②无论是吸气还是呼气，都应尽量达到极限。

3. 完全式呼吸

（1）练习方法

①坐姿或仰卧，一手放于胸前，另一手放于腹部。

②吸气，从小腹向整个腹部区域延伸，小腹隆起，继续吸气至肋骨扩张，胸部吸满空气而扩张到最大限度，双肩会稍微升起。

③呼气，锁骨下移，肩放平，放松胸部，然后放松腹部，小腹内收上提，用收缩腹部肌肉的方法结束呼气（图2-3）。

图2-1　腹式呼吸法　　　图2-2　胸式呼吸法　　　图2-3　完全式呼吸法

（2）作用

通过完全式呼吸可以使血氧含量增加，血液得到净化；膈肌和胸腔得到锻炼，肺部组织更为强壮，从而增强身体抵抗力。还可以使人的耐力、注意力得到增强；促进神经系统镇静，心率平稳，身心充满平静与安宁。

（3）注意事项

完全式呼吸应该是顺畅而轻柔的，各个不同的阶段不应该分节或跳动式地去做，应该像波浪一样轻轻地从腹部再到胸腔，然后减弱消失，呼气应该是稳定、渐进的。

在特殊学生健身瑜伽课程中，可单独组织瑜伽呼吸练习，也可将呼吸与冥想练习结合起来一起练习。在体式练习的过程中教师也应随时提醒练习者关注自己的呼吸，并根据体式要求给予正确的呼吸引导。

二、瑜伽体位法

（一）瑜伽体位法概述

瑜伽体位法是健身瑜伽练习中最重要的部分之一，是我们通常所说的瑜伽体式。瑜伽体式可以纠正人体的不良身体形态，让人体保持最合理和正确的状态，从而提升身体的健康水平。瑜伽体式在瑜伽体系中是"调身"的阶段，旨在保持身体机能与健康，同时使身体与自然协调一致。不健康的身体姿势会影响脊柱，生命能量流经脊髓就会受到阻碍，影响神经系统正常的功能。通过体位的锻炼重新调整身体，可以让头、颈、胸、腰等各关节保持在正确的位置上，保持良好的状态。瑜伽体式可以让身体的能量健康流畅，形成良性的循环。

从心理角度来说，姿势可以反映出一个人的气质、心理或情绪状态。在瑜伽练习中要求我们抬头、挺胸、站直就是要通过姿势的调整来实现对心理和情绪的调节。体式的练习是进入内心的重要途径，换言之，我们要用姿势来塑造内心。而正确的身体姿势和健康的身体状态往往能够让人们达到内心的平衡和安宁。

（二）瑜伽体位练习对特殊学生的益处

1. 促进代谢，让身体更健康

虽然瑜伽的动作不激烈，但是其运动量并不小，每个瑜伽体式都有一定的功能性，在完成练习的过程中能帮助按摩内脏器官，促进消化，提升整体健康水平。

2. 提升运动素质，让身体更强壮

通过瑜伽练习能提高学生身体的柔韧素质、力量素质和灵敏素质等。对于特殊学生来说，通过运动素质的提升让身体更强壮，对提升身体的健康水平是很有必要的。

3. 矫正体形，让身体更挺拔

很多特殊学生存在形体姿态不正确的情况，通过瑜伽体式练习可以提升肌力并促进骨骼的生长发育。在体式练习中为了将每个动作做得标准，孩子们会很自然地抬头挺胸，伸展四肢和脊柱，纠正平时含胸、驼背等不良体态。

4. 丰富想象力

瑜伽体式多是由大自然的动物、植物来命名的。练习中教师用讲故事的方法来引导学生完成体式动作，每个练习者经过一番想象再开始实践，边想象、边思考、边做运动，可以充分开发练习者的想象力，在缓解特殊学生焦虑、提升自信等方面有一定的益处。

（三）特殊学生瑜伽体式练习

本教材选择了部分安全系数较高且难易程度比较好控制的体式，教师在教学过程中可根据所教学生年龄和实际情况选择适合的体式组织教学。

在瑜伽教学中教师不应只是教授瑜伽体式的完成方法。在设计特殊学生瑜伽课程教学方案时，要充分考虑到学生的理解能力和实际情况，将瑜伽体式教学游

戏化、情景化，只有这样才能达到更好的教学效果。

三、瑜伽冥想法与休息术

冥想是一种安静的意念专注想象活动，瑜伽冥想是注意力集中的最高表现，是人们静心凝神、修养身心的好方式。人们通过冥想可以获得内心的宁静、喜悦、平和，最终达到身体与心灵的和谐统一。

（一）瑜伽冥想法概述

冥想在瑜伽体系中属于高层次的锻炼方式，是"调心"的阶段。冥想可以通过获得深度的宁静状态而增强自我知觉能力并进入良好状态。它能够使人体放松，建立内部能量或生命的力量，培养同情心、爱心、耐心和宽容心。

经常练习冥想对人体的生理指标和心理指标有着良好的改善作用。大量实例证明，持续的冥想状态，能使大脑分泌出一种类似吗啡的物质，这种物质被称为"内腓肽"。通过对脑电波的观察可以发现，它不仅能改善大脑，保持脑细胞的活力，而且能使人产生心情愉悦的感觉，并增强免疫功能，防止老化，提高防控疾病和自愈能力。随着心率、收缩压的优化，高血压、哮喘、癫痫症以及肺功能、心脏病等症状也会得到显著的改善。另外，冥想时肌肉及脑神经放松，全身血液流动量会有所提高，可以使各组织器官得到滋养，皮肤内层的水分更加充足。冥想还可以使人产生积极的思维，消除负面情绪，调节神经、内分泌系统，从而起到自我修护的效果。

儿童冥想可以提高孩子的专注力、自我控制能力、情绪调整能力和思考能力，还可以缓解孩子的压力，平复孩子急躁的心情。科学证明，让孩子每天坚持做儿童冥想，对孩子的身心发展非常有益。

（二）瑜伽冥想练习对特殊学生的意义

成年人的冥想练习可以通过自我引导来完成，而特殊学生的瑜伽冥想练习主要依靠指导教师的引导来完成。瑜伽教师应准备好适合学生年龄阶段的冥想引导词，引导学生进行练习。教学中可以与瑜伽呼吸一起组织练习。特殊学生进行瑜伽冥想练习有以下好处：

1. 培养热爱自然、热爱身边人的能力

冥想练习时，引导词中会运用到很多自然界的美景和事物，通过教师的引导，让特殊学生在心灵中、思想中感受大自然的美景，培养其热爱自然、热爱生活的能力。

2. 培养乐观、健康的心理环境

特殊学生普遍存在自卑的心理和不愿与人沟通交流的问题。通过瑜伽冥想练习，教师可引导学生打开心扉，释放压力，感受关爱，可以帮助特殊学生调节自我、认识自我，培养乐观的心理状态。

3. 塑造善良品格

瑜伽运动会更多地接触到自然的韵律，这会引导儿童成长为温和、善良的人。通过冥想练习的调节，孩子的内心会更平和，心理上的平衡更容易达成，从而塑造温和、善良的品格。

(三) 瑜伽冥想练习组织方法

1. 瑜伽冥想的概念

当整个人的注意力集中在一处、一物或一个念头上时就是专注。真正的瑜伽冥想是"专注、入定、三摩地"三个阶段，这三个阶段的目标是随着练习者练习层次的上升而不断提高，但通常人们将这三个部分作为一个整体，统称为冥想。

2. 冥想时身体姿势引导

选择一个舒适的坐姿（或仰卧），将全身放松。双手做瑜伽手印或自然舒适地放在膝盖上，保持身体端正。两眼微闭或微开一线，凝视鼻端，注意力放在呼吸上，用鼻呼吸。不要让自己陷入沉睡，跟着老师的导语进行冥想练习。

3. 瑜伽冥想引导词

老师可根据授课对象的年龄和具体情况设计各种瑜伽冥想的引导词。冥想引导词的设计应该是积极、正面的，可以对儿童产生一种积极的心理暗示。通常会采用美景冥想、蓝图冥想等，冥想引导词应描述一个轻松优美的自然环境或一个幸福的画面等。

4. 参考瑜伽冥想引导词

（1）示例一

宁静的天空中飘过朵朵白云，和煦的阳光照耀着大地，海洋上浪花翻滚，海滩上一群小朋友在嬉戏玩耍，有的在弯腰捡沙滩上的贝壳，有的在用沙子堆出一座城堡。这样的诗情画意中，自然会感到心旷神怡、身心舒适和轻松愉快，更容易达到内心平衡……

想象自己躺在一片绿草地上，软软的，绵绵的，阵阵清香扑面而来。蓝蓝的天空没有一丝云彩，潺潺的小溪从身边缓缓流过，叫不出名的野花争相开放着。远处，一只母牛带着它的小牛在散步。身边，很多小朋友在尽情地嬉戏玩耍着。一只蛐蛐在草地里蹦来蹦去，树上的鸟儿在不停地歌唱……

仔细听，远处有瀑布泻下的声音，你深吸一口气，空气中有玫瑰散发的幽香；你认真去体会，自己一会儿漂浮在安静的湖面上，一会儿又深入到葱郁的山谷中。你用心去感觉，自己的身体变得很轻很轻，轻得几乎要飘浮在空中；你的身体又变得很重很重，重得就要陷入地下了。优美、舒缓的音乐，犹如股股清泉流经心田，此刻，你的心情变得豁然开朗，身体也得到了最大的放松。

（2）示例二

小朋友们，现在我们一起来到了一片大森林，森林里有郁郁葱葱的大树，有好多漂亮的花，小鸟在空中飞来飞去，还有许多可爱的小动物。

你走到一朵鲜花前，这朵花好美啊，我们来闻一闻花香的味道，你深深地吸一口气，慢慢呼出来，好香啊。再来一次，深深地吸一口气，慢慢呼出来，好香啊。

我们继续向前走，来到一棵小树下，这里有一片片嫩嫩的、绿绿的叶子，让我们来闻一闻叶子的味道。用你的鼻子深深地吸气，慢慢地呼气，气体进入到你的小肚子里。再来一次，深深地吸气，慢慢地呼气。

森林的小鸟和小动物都友好地跟我们打招呼。树上小鸟在高兴地唱着歌，仿佛在欢迎你的到来。有只小兔子跑到你身边，抬头望着你。你蹲下来，轻轻抚摸着小白兔，它身上的毛软软的，样子可爱极了。

小朋友们与小鸟、小动物们一起唱歌、跳舞，开心极了。

（四）瑜伽休息术

1. 瑜伽休息术概述

瑜伽放松、休息法是瑜伽运动中一个重要组成部分，是一门放松的艺术。一些瑜伽体式本身具有放松的功效，可以贯穿在瑜伽体式练习中。瑜伽课程结束后还会安排一个完整的瑜伽休息环节，被称为"瑜伽休息术"。瑜伽休息术的放松从我们身体的表层开始，直达我们身心的深层。当我们用意识精准地专注于身体的每个部位时，会感受到瑜伽放松术的艺术。只有在身体真正放松的时候，有效的运动才能产生最大的能量，因此放松练习被视为控制和利用肌肉、神经潜能的一种方式。

2. 瑜伽休息术完成方法

在瑜伽体式练习结束后通常会安排放松休息（瑜伽休息术），一般采用仰卧休息式或舒服的坐姿。采用仰卧休息式时，应使全身呈一条直线，头部和躯干要放正，面朝上方，下颌微收，闭上眼睛，双臂置于体侧，掌心向上，双腿自然分开约35厘米，让全身放松下来。

3. 瑜伽休息术引导词

本篇引导词突出儿童化的语言表述，让小朋友们更容易接受。实际操作时也可结合冥想引导词进行引导，营造出一个更轻松、更适合儿童的放松冥想氛围。如：

小朋友们，请躺下来准备好，让我们一起来完成瑜伽休息式。

让我们把身体摆成一条直线，两个手臂放在身体两侧，掌心向上，用最舒服的姿势躺在垫子上。摆好姿势后，就要保持安静啦。现在闭上我们的眼睛，跟着我的提示，当我讲出你身上的各个部位时，请小朋友们将注意力集中到这个部位，感觉这个部位在渐渐放松。

从你的小脚丫开始，脚趾正在放松，脚背、脚底、脚踝、脚跟都放松下来。你的双腿、膝盖、臀部全都慢慢地放松了下来。现在来到你的腹部啦，慢慢感觉你的腹部、胸部、背部都放松了。我们继续往上走，你的肩部、两个手臂、两只小手，从手掌心到手背、手指都在慢慢地放松。现在将注意力转移到头部，小脑袋放松地放在地面上。小脸蛋上有眉毛、眼睛、鼻子、嘴巴、耳朵，它们全都感受到了放松。接下来放松你的整个后背，它们都在逐渐放松，都慢慢地放松了下来。

你没有睡着，深深地吸气，慢慢地呼气。感受到你的全身从小脑袋到小脚丫都得到完全的放松，感觉自己变成了一片羽毛，轻盈地飘浮在空中，好舒服呀。你的身体充满了能量，像一只小老虎一样强壮，像一只小山羊一样活泼。

现在，让我们慢慢睁开眼睛，像刚刚睡醒一样，伸伸懒腰，活动一下手脚。现在你的身体充满了活力，一切都是那么美。

第二节 瑜伽体式基础

本节介绍瑜伽练习中的一些基础姿势，比如基本站姿、基本坐姿、休息放松体式等，在练习更复杂的瑜伽体式前，这些动作有助于协调和平衡练习者的身体，为瑜伽练习做好充分的准备。

一、瑜伽基本站姿（山立式）

任何运动都要从练习的基本姿势开始，姿势就是身体在瞬间保持的方式。由于肌肉在支撑直立的躯体时会产生必要的紧张感，这时在放松与运动之间便会产生一种动态的平衡。山立式，就是让我们像大山一样挺拔安稳地站立，完成山立式时会让人产生一种力量感和稳定感，这是瑜伽体式练习的重要基础。山立式常作为站姿体式的预备动作和还原动作，当然也可以作为一个体式单独练习。

（一）山立式完成要点

脚跟并拢，两大脚趾尽量靠拢，伸展脚趾，两腿伸直，膝盖周围的肌肉韧带自然收紧。腹部自然微收，加强对背部和腰椎的伸展。肩胛骨下沉，展开肩、胸。两臂自然下垂，贴在身体两侧，向下延伸。下颌微收平行于地面。伸展脊椎和后颈部，感觉从脊柱到头顶向上延展。全身的重量均匀地分布在脚掌上。保持自然、均匀的呼吸（图2-4）。

图 2-4 山立式

刚刚开始练习这个体式时可以尝试靠墙壁练习。按照以上要求完成站姿，同时将身体九点靠墙，即我们的双脚脚跟、双腿小腿三头肌、双臂、双肩和后脑枕骨。

（二）山立式练习功效

山立式有非常多的好处，它可以让我们形成正确的身体姿态，纠正不良的体态。对于颈椎、腰椎不适的人群，这是一个最简单而有效的康复训练，在这种站姿上，你的脊柱基本上恢复正常的曲度，正确的山立式还有利于我们保持平衡，放松脊柱、改善血液循环，保持头脑清晰。

（三）山立式与身体正位

人体的姿态取决于关节和骨骼的排列，以及肌肉的平衡状态和功能状态。良好的体态能使身体保持良好的姿态和有效的运动形式。

1. 身体侧面观

保持头顶、耳朵、肩膀、手肘、膝盖、脚踝在一条直线上。同时，在直线一分为二的身体前后是平衡的，代表你的肢体是端正的。

2. 身体背面观

保持头顶、后脑、颈椎、胸椎、腰椎、骶骨到双脚脚跟在一条直线上。同时，在这条直线一分为二的身体左右是平衡的。两肩膀没有一高一低的情况，代表你的肢体是端正的。

二、瑜伽常用坐姿

（一）简易坐

①山式坐姿。
②双腿收回交叠，双脚置于异侧大腿或膝下，充分伸展脊柱，目视正前方。双手可呈智慧手印放于膝上，也可手掌扶膝（图2-5）。
③保持几组呼吸，然后还原。
【呼吸】保持自然呼吸。
【功效】加强髋、膝、踝的灵活性。
【要点提示】髋外展，脊柱中正，肩部后展下沉。

（二）山式坐

①坐姿。

②双腿并拢，双膝伸直，双脚自然并拢向远延伸。腰背挺直，双手置于臀部两侧（图2-6）。

【呼吸】保持自然呼吸。

【功效】梳理脊柱，伸展双腿后侧肌群，调节腰背不良体态。

【要点提示】臀部坐实地面，臀大肌向后翻，腰背挺直。

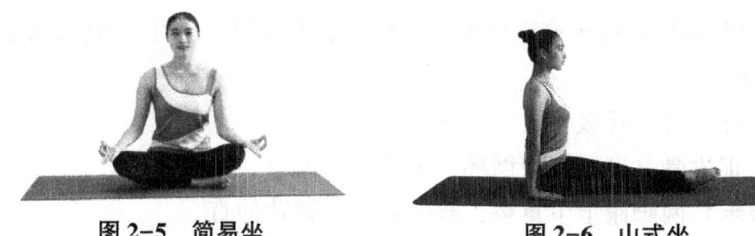

图2-5　简易坐　　　　　　　图2-6　山式坐

（三）金刚坐

①跪姿。

②双腿并拢，双腿大脚趾重叠或并拢，两足跟分开，臀部坐于两足跟之间，腰背挺直，双手置于大腿前侧（图2-7）。

【呼吸】保持自然呼吸。

【功效】促进骨盆区域血液循环，促进消化系统，灵活下肢关节，安定情绪。

【要点提示】臀部在两脚跟之间，腰背挺直。

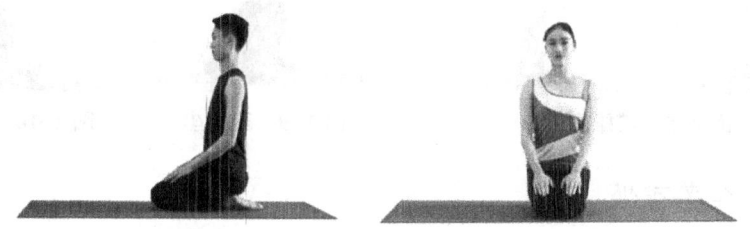

图2-7　金刚坐

（四）英雄坐

跪坐，双膝并拢或微分，双脚分开与肩同宽，脚背贴地，脚尖向后，重心后移，臀部坐于双脚之间的地面上，脚后跟贴于臀部两侧，双手放于大腿上，上体直立伸展，目视前方（图2-8）。

【呼吸】保持自然呼吸。

【功效】舒展髋、膝、踝关节，拉伸大腿前侧肌肉，放松背部，缓解压力。
【要点提示】双膝并拢，脚尖向后，臀部坐于双脚之间的地面，腰背伸直。

（五）至善坐

①山式坐姿。

②屈左膝使左脚跟抵近会阴，屈右膝并将右脚置于左小腿胫侧之上，两脚跟上下重叠，双膝触地，躯干向上伸展，放松双肩及手臂，双手结成智慧手印，双眼微闭（图2-9）。

【呼吸】保持自然呼吸。
【功效】促进骨盆区域血液循环，灵活下肢关节，安定情绪。
【要点提示】两脚跟上下重叠，双膝触地，腰背伸直。

（六）半莲花坐

①山式坐姿。

②屈左膝使左脚跟抵近会阴，屈右膝，将右脚背置于左大腿根部，双膝贴近地面，脊柱向上伸展，放松双肩和手臂，双手结成智慧手印，双眼微闭（图2-10）。

【功效】促进骨盆区域血液循环，灵活下肢关节，安定情绪。
【要点提示】置于上方的足跟靠近对侧腹股沟，双膝着地，腰背自然伸直。

图 2-8 英雄坐　　　图 2-9 至善坐　　　图 2-10 半莲花坐

（七）全莲花坐

①山式坐姿。

②屈左膝并将左脚背置于右侧大腿根部，屈右膝并将右脚背置于左侧大腿根部，双脚根抵住对侧腹股沟，脚掌向上，双膝尽量下沉贴地，双手结智慧手印，置于双膝上，背部伸直，双肩后展下沉，下颚微收，目视前方（图2-11）。

③保持几组呼吸，然后还原。

【呼吸】保持自然呼吸。
【功效】促进骨盆区域血液循环，灵活下肢关节，安定情绪。

【要点提示】双膝触地，脊柱保持中立并向上伸展，双肩平展。

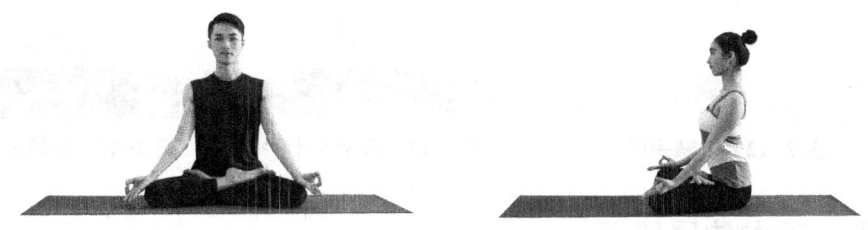

图 2-11　全莲花坐

三、瑜伽手印

古老的瑜伽练习者认为人与自然界是息息相关的，人体的肢体、手指与自然界也是紧密结合的。在瑜伽调息、冥想练习中，手的姿势（手印）具有重要的意义，非常有助于净化心灵，不同的手印对身心的影响是不同的，常用的瑜伽手印有七八种，都有助于净化心灵。手的各个部位表现身体、大脑和心灵的状态。智慧手印和禅那手印是调息和冥想时最常用的手印，它们有助于记忆力和注意力的提高，让身体更和谐。

（一）智慧手印

掌心向上，大拇指与食指相扣，其他三指自然伸展（图 2-12）。此手印代表人与自然合一，可以让人很快进入平静的状态，帮助练习者长时间维持一个放松和稳定的体位。

（二）双手合十手印

也称阴阳平衡手印，双手掌心相对放在胸前，手掌之间要留下一些空间（图 2-13）。意味着身体和心灵的合一、大自然和人类的合一。此手印可以增加人的专注能力。

（三）禅那手印

两手叠成碗状，两拇指尖相连，掌心向上（图 2-14）。女性右脚和右手在上，男性左脚和左手在上。这是比较古典的手印，意味着空而充满力量的容器，可以平和、稳定精神。

图 2-12　智慧手印　　　图 2-13　双手合十手印　　　图 2-14　禅那手印

四、瑜伽伸展练习

对于特殊学生来讲，在刚刚进行瑜伽体式练习时会感到一定的难度，这时可以先从以下的预备伸展活动开始练习，通过各关节的拉伸和梳理，练习者的关节和肌肉会逐渐灵活、放松。本节介绍的这些姿势可作为热身练习，也可以在瑜伽体式练习中穿插练习。每次瑜伽练习前先按照这些姿势完成一遍，有助于更好地完成瑜伽体式练习并防止运动损伤。

拜日式是瑜伽练习中经常用来热身的一个组合套路，但由于拜日式中有很多动作具有一定难度，对于特殊学生来说不太适合作为热身练习，可作为体式组合来组织练习。经过一段时间的练习后，身体条件达到一定要求时才去尝试采用拜日式组合进行热身。

（一）颈部伸展

①莲花坐姿（简易坐），双手自然放在膝盖上，头向上、下、左、右方向移动，均匀呼吸，保持数秒。

②完成上述动作后，头部沿顺时针和逆时针分别缓缓转动1~2周（图2-15）。

【要点提示】转动头部时可以闭上眼睛，将注意力集中在颈椎，感觉颈部的伸展。

图 2-15　颈部伸展

（二）手臂、手腕伸展

①莲花坐姿（简易坐），伸出左臂，掌心朝上，右手拉住左手手指处向下慢慢拉伸。保持数秒后换反方向重复此动作（图2-16）。

②也可将双手掌心压向地面，指尖朝身体方向。闭上眼睛，保持数秒（图2-17）。

【要点提示】 完成此姿势时，应将注意力集中在手腕、手臂的拉伸部位。

（三）髋伸展

双脚掌相对坐于地面，髋关节放松，大腿外侧尽量贴地。双手压住膝盖处，慢慢向下用力，借力伸展髋和大腿处的肌肉、韧带（图2-18）。

【要点提示】 刚刚开始练习时，大腿离地面较远，双手借力时不能用力过猛，要均匀用力。

图 2-16 手臂、手腕伸展（1）　　图 2-17 手臂、手腕伸展（2）　　图 2-18 髋伸展

（四）腿、踝伸展

①双腿伸直并拢，坐于地面，躯干保持正直，双手在体后扶地，双脚尖绷直、回勾交替进行（图2-19）。

②完成上述动作后，双脚沿顺时针、逆时针分别绕环2~4次。

【要点提示】 脚绕环时腿部也会跟着转动，这时不要用力控制腿，让腿和脚踝一起转动。

图 2-19 腿、踝伸展

五、瑜伽常用放松体式

瑜伽把放松练习作为基本组成部分之一，放松更有助于培养日常生活中平静的心理状态。本节介绍的放松体式适合在瑜伽体式练习前和练习中根据具体课程内容选择完成。全部练习结束后的放松，采用仰卧休息式来完成，称作"瑜伽休息术"。关于瑜伽休息术在第一章中有详细的介绍。

（一）婴儿式

金刚坐姿准备，屈髋将身体贴近大腿面，将双臂叠扣在体前，额头轻贴手背上，闭上双眼（图2-20）。

【功效】放松坐骨神经，调节肾上腺的功能，有助于消除便秘，强化消化系统。在练习背部伸展或收紧的体式后，常用此姿势进行放松、调整。

【要点提示】用此姿势进行放松时，应将注意力放在刚刚练习过的肌肉和韧带上，感觉这些部位在放松。

（二）摇摆式

①仰卧。
②屈膝团胸，双手交叉环抱于小腿胫骨，沿脊柱前后摇摆数次，目视前方。（图2-21）。

【功效】按摩背部，促进背部血液循环，缓解背部不适；有助于增加腹内压力，促进肠胃蠕动。

【要点提示】完成此体式时应在有一定柔软度的瑜伽垫或毯子上，避免脊椎直接接触硬地面造成损伤。

图2-20 婴儿式

图2-21 摇摆式

（三）仰卧放松式

仰卧，双腿分开，双臂微分，掌心向上，双眼微闭，全身放松（图2-22）。
【功效】放松身心，培养自我感知能力。
【要点提示】腰背尽量贴合地面，下颌微收。

图2-22 仰卧放松式

第三节 前屈类瑜伽体式

一、大拜式

①金刚坐姿准备。双臂从身体两侧向上延伸高举头顶。髋屈曲，上体自然伸展向前，双手及前臂放于地面上，掌心向下，额头触地（图2-23）。
②保持几组呼吸，然后还原。
【呼吸】吸气向上，呼气向下。
【功效】放松整个身体，按摩腹部内脏，促进背部伸展。
【要点提示】大幅度屈髋屈膝，双膝可略分开，躯干舒展前伸。
【难度指数】★

图2-23 大拜式

二、单腿背部伸展式（单腿头碰膝）

①山式坐姿准备。屈右膝，髋外展，脚掌抵在左大腿内侧，脚跟抵近会阴，

左腿向前延伸，脚尖向上，骨盆保持中正。双臂从身体两侧向上延伸高举头顶，髋屈曲，上体自然伸展向前，腹、胸、额贴近左腿前侧，左手抓脚掌或右手手腕（图2-24）。

②保持几组呼吸，然后还原。

【呼吸】伸展时吸气，前屈时呼气。

【功效】拉伸股后和背部肌群，提高髋关节灵活度。增强内脏器官的消化等功能，促进脊柱血液循环。

【要点提示】练习中注意骨盆中正，体会背部、腿后侧的伸展。患腰椎间盘疾病、坐骨神经痛与疝气者不适合练习此式。

【难度指数】★

图 2-24　单腿背部伸展式

三、双腿背部伸展式（双腿头碰膝）

①山式坐姿准备。双臂高举头顶。髋屈曲，上体自然伸展向前，腹、胸、额依次贴近双腿前侧，双手抓脚掌或互抓手腕（图2-25）。

②保持几组呼吸，然后还原。

【呼吸】伸展时吸气，前屈时呼气。

【功效】拉伸股后和背部肌群，提高髋关节灵活度。增强内脏器官的消化等功能，促进脊柱血液循环。

【要点提示】腹、胸、额贴腿，背部充分伸展，双腿伸直，脚尖向上。患腰椎间盘疾病、坐骨神经痛与疝气者不适宜练习此式，腰部有伤痛者应在舒适的范围内进行练习。

【难度指数】★

四、锁腿式

①仰卧准备。屈右膝，双手十指相交于右小腿胫骨处，双肘内收。右大腿紧

贴腹部，双脚背绷直，头部、上背部抬起，鼻尖触膝（图2-26）。

②保持几组呼吸，然后还原。

【呼吸】抬头触膝前与放松头肩时吸气，大腿贴近躯干时呼气。

【功效】提高内脏器官功能，改善消化系统，缓解便秘，减少腹部脂肪。

【要点提示】脚面绷直，伸直腿用力下沉贴地，屈膝腿紧贴腹部，患腰椎间盘疾病者不适宜练习此式。

【难度指数】★

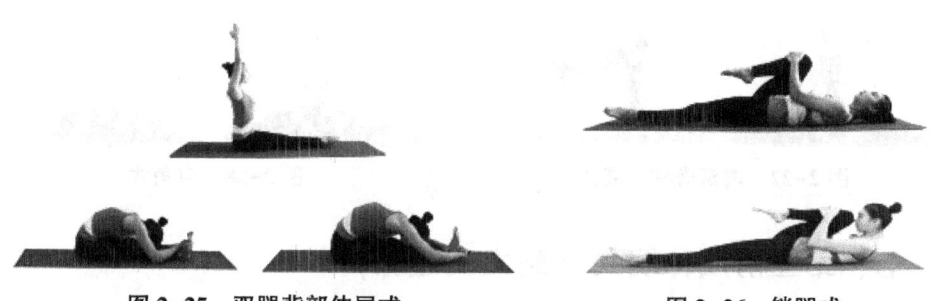

图2-25 双腿背部伸展式　　　　图2-26 锁腿式

五、增延脊柱伸展式（站立手抓脚）

①山式站姿准备。双臂从两侧上举，上臂靠近双耳，双手掌心向前，向上延伸脊柱。髋屈曲，双手抓住脚踝，保持躯干伸展（图2-27）。

②保持几组呼吸，然后还原。

【呼吸】吸气时延伸脊柱，呼气时身体前屈。

【功效】增强腹部器官功能，改善消化系统。

【要点提示】腿后侧肌肉应充分伸展，避免膝关节过伸，背部保持平直，头部不可过分后仰，患有腰椎间盘突出者不适宜练习此式。

【难度指数】★★

六、束角式

①山式坐姿准备。屈双膝，脚掌相合，脚跟靠近会阴，十指交叉抓握脚背，大腿外旋，双膝下沉，脊柱伸展。身体前屈，双肘平放地面，额头触地，坐骨下沉（图2-28）。

②保持几组呼吸，然后还原。

【呼吸】吸气时延伸脊柱，呼气时身体前屈。
【功效】促进骨盆和腹部区域的血液循环，缓解坐骨神经痛。
【要点提示】坐骨下压，脚跟靠近会阴，背部充分伸展，双膝、肘部及额头触地。
【难度指数】★★

图 2-27　增延脊柱伸展式　　　　图 2-28　束角式

七、站立前屈伸展式（站立头碰膝）

①山式站姿准备。双臂从两侧上举，上臂靠近双耳，双手掌心向前，向上延伸脊柱。髋屈曲，双手放在双脚两侧，掌根对齐脚跟，屈肘、腹、胸、额依次贴近双腿（图2-29）。

②保持几组呼吸，然后还原。

【呼吸】吸气时延展脊柱，呼气时躯干贴腿。
【功效】增强腹部器官功能，促进消化，拉伸背部及腿部后侧肌群。
【要点提示】双手放在双脚两侧，肘部指向后侧，背部平展，下肢垂直地面，避免膝关节过伸。
【难度指数】★★

八、花环式（小花篮）

①山式站姿准备。双臂前平举，屈膝下蹲，双膝外展。身体前倾，双臂由前向后环抱双膝，双手握住足跟，额头触地（图2-30）。

②保持几组呼吸，然后还原。

【呼吸】吸气扩展胸腔，呼气额头触地。
【功效】改善骨盆区域血液循环，促进消化，缓解下背部疲劳，减轻压力。
【要点提示】脚跟并拢落地，臀部下沉，前额触地。

【难度指数】★★★

图 2-29　站立前屈伸展式

图 2-30　花环式

九、双角式

①山式站姿准备。两脚分开微比肩宽，十指在体后相扣，掌贴合，双臂伸直，伸展脊柱。髋屈曲，腹、胸贴向双腿前侧，头部置于双腿之间，双臂平行地面（图 2-31）。

②保持几组呼吸，然后还原。

【呼吸】吸气脊柱伸展，呼气髋屈曲。

【功效】增强腹部器官功能，促进消化，拉伸肩、胸、背部及腿部后侧肌群。

【要点提示】后背保持平直，手臂平行于地面，躯干贴向下肢，避免膝关节过伸。

【难度指数】★★★

十、单腿捆绑前屈式

①山式坐姿准备。屈左膝，脚跟贴近同侧坐骨，脚掌踩地，左臂绕过左腿外侧向后伸展，手臂内旋，掌心向外置于腰部，右手向后抓握左手腕，胸腔上提，延展脊柱，髋屈曲，额头触膝（图 2-32）。

②保持几组呼吸，然后还原。

【呼吸】吸气胸腔上提，呼气髋屈曲。

【功效】伸展脊柱，缓解背部不适，按摩腹部，促进骨盆区域血液循环。

【要点提示】腹、胸、额贴向大腿前侧，一手在体后抓腕，屈腿一侧臀部下沉。

【难度指数】★★★

图 2-31　双角式　　　　图 2-32　单腿捆绑前屈式

十一、坐角式（飞翔的蝙蝠）

①山式坐姿准备。双腿向两侧打开，双手经体侧抬至头顶上方，掌心向前。躯干前屈，直至腹、胸、额及双臂贴地，双手水平向两侧打开，三指抓握大脚趾，足尖指向上方（图 2-33）。

②保持几组呼吸，然后还原。

【呼吸】吸气脊柱延伸，呼气躯干前屈。

【功效】灵活髋关节，拉伸腿部肌群，按摩腹部，促进骨盆区域血液循环。

【要点提示】头、颈、躯干保持在同一平面，双腿分开至极限，脚尖向上。

【难度指数】★★★

十二、龟式（大乌龟）

①山式坐姿准备。双腿分开约两肩宽，微屈双膝。躯干前屈，双臂由膝下穿过向斜后方伸展，双手掌心向下。脊柱延伸，躯干触地，双腿伸直，脚尖向上（图 2-34）。

②保持几组呼吸，然后还原。

【呼吸】吸气脊柱伸展，呼气躯干前屈。

【功效】伸展下肢和腰背部肌肉，灵活双肩，按摩腹部。

【要点提示】双腿贴向身体，背部保持平直，脚尖向上。

【难度指数】★★★

图 2-33　坐角式　　　　　图 2-34　龟式

第四节　后展类瑜伽体式

一、展臂式（展臂翱翔）

①山式站姿准备。双臂从身体两侧向上伸展至头顶，双手掌心向前。胸骨上提，打开胸腔，以手臂带动躯干向后上方伸展（图2-35）。

②保持几组呼吸，然后还原。

【呼吸】吸气时向上，呼气时后展。

【功效】改善背部柔韧，强化脊椎，伸展躯干前侧肌群。

【要点提示】胸腔打开，胸椎上提后展，头部在双臂之间，不可过分后仰，盆骨保持中正。

【难度指数】★

二、人面狮身式（小小狮子）

①俯卧准备。双手放于头部两侧，指尖与头顶朝向身体正前方，肘关节内收，压实地面。头和胸部抬起，上臂与地面垂直，双眼目视前方（图2-36）。

②保持几组呼吸，然后还原。

【呼吸】抬起上身时吸气，回落时呼气。

【功效】恢复脊柱活力，缓解背部不适，加速盆骨区域的血液循环。

【要点提示】肘关节呈90度，胸腔上提，充分打开，目视前方。

【难度指数】★

图 2-35 展臂式　　　　图 2-36 人面狮身式

三、桥式（小桥）

①仰卧准备。屈双膝，双脚分开与髋同宽，脚跟抵住臀部，手臂伸直，双手尽量抓住脚踝。抬起臀部及背部，上提胸腔并微收下颌（图 2-37）。

②保持几组呼吸，然后还原。

【呼吸】抬起身体时吸气，回落时呼气。

【功效】伸展腹部，缓解背部不适。

【要点提示】手抓脚踝，双脚与髋同宽，膝盖、脚趾指向正前方，小腿垂直于地面，下颌内收至胸骨。

【难度指数】★

四、简易蝗虫式（小小蝗虫）

①俯卧准备。双手掌心向下，置于大腿前侧。右腿保持伸直并平压地面，左腿尽量伸直抬高，左髋下沉（图 2-38）。

②保持几组呼吸，然后还原。

【呼吸】吸气抬腿，呼气下落。

【功效】增强臀、背部力量，挤压骨盆，释放骨盆压力。

【要点提示】脚背绷直，抬腿时保持髋部稳定。

【难度指数】★

图 2-37　桥式　　　　　图 2-38　简易蝗虫式

五、新月式（月牙弯弯）

①金刚坐姿准备。跪立，右腿向前一大步，双手置于双脚两侧，左膝和脚背着地。髋部前移下沉。双臂经身体两侧向上抬起至头顶合掌，脊柱充分后展，目视前方（图 2-39）。

②保持几组呼吸，然后还原。

【呼吸】吸气延伸脊柱，呼气脊柱后展。

【功效】伸展大腿前后侧肌肉，促进骨盆区域血液循环，拉伸躯干前侧，伸展肩、背部，增强平衡感。

【要点提示】骨盆中正下沉，胸腔上提、后展，前腿膝关节与脚尖指向正前方。

【难度指数】★★

六、蝗虫式（大蝗虫）

①俯卧准备。头、胸、腿同时上抬，双腿伸直，手臂尽量向后延伸，双手掌心相对（图 2-40）。

②保持几组呼吸，然后还原。

【呼吸】吸气抬起，呼气回落。

【功效】强化背部肌群，缓解腰部不适，按摩腹部内脏，促进消化。

【要点提示】掌心相对，与肩同宽，除下腹部和髋部以外，其他身体部位均离开地面，头部不要过分后仰。

【难度指数】★★

图 2-39　新月式　　　　　图 2-40　蝗虫式

七、蛇伸展式（小蛇）

①俯卧准备。双臂向后伸展，十指交叉，掌跟相触。头部和胸部抬离地面，收紧大腿内侧，脚背压实地面（图 2-41）。

②保持几组呼吸，然后还原。

【呼吸】吸气抬起，呼气回落。

【功效】强化背部肌群，缓解腰部不适，按摩腹部内脏，促进消化，改善扣肩、驼背等不良体态。

【要点提示】肚脐以下贴地，胸腔充分上提，背部后展，头不要过分后仰。

【难度指数】★★

八、眼镜蛇式

①俯卧准备。双手放于胸部两侧，指尖朝向身体正前方，肘内收。胸部上提，手臂推地，向上、向后伸展脊柱，延伸下颌（图 2-42）。

②保持几组呼吸，然后还原。

【呼吸】吸气抬起，呼气回落。

【功效】强化上肢及背部肌群，缓解腰部不适，按摩腹部内脏，促进消化，灵活脊柱。

【要点提示】指尖位于肩部正下方，胸腔打开，胸椎充分上提后展，耻骨贴地，头不宜过度后仰。

【难度指数】★★

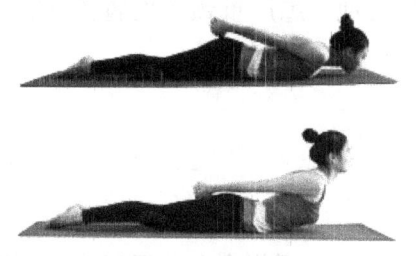
图 2-41　蛇伸展式

图 2-42　眼镜蛇式

九、半鹰式（小小鹰）

①金刚坐姿准备。将右侧肘关节放在左侧肘关节上方，双臂缠绕。双手掌心相对合掌。手臂带动头向后伸展，胸腔上提，双臂抬至头顶上方（图 2-43）。

②保持几组呼吸，然后还原。

【呼吸】吸气后展，呼气还原。

【功效】灵活指、腕关节，美化手臂和肩背部肌肉线条，促进面部血液循环。

【要点提示】胸腔打开，手臂发力，上臂、前臂呈 90 度，头不宜过度后仰，不要憋气。

【难度指数】★★

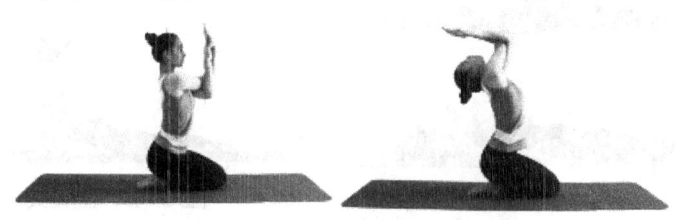
图 2-43　半鹰式

十、鱼式（小鱼）

①仰卧准备。肘关节内收，下压支撑地面，胸腔上提，颈部后仰，头顶着地。双腿伸直，脚背绷直，整个背部成弓形（图 2-44）。

②保持几组呼吸，然后还原。

【呼吸】吸气胸腔上提，呼气还原。

【功效】舒展胸部和颈部，强化肩、背部肌群，缓解抑郁和压力。

【要点提示】胸腔充分上提展开，头顶触地，患严重颈部疾病者不适宜练习此式。

【难度指数】★★★

十一、上犬式（小狗支撑）

①俯卧准备。双脚分开与髋同宽，屈双肘，双手指尖向前置于胸部两侧。胸腔上提，伸直手臂，收紧双腿肌肉，膝盖与骨盆离开地面，脚背下压贴地（图2-45）。

②保持几组呼吸，然后还原。

【呼吸】吸气胸腔上提伸展脊柱，呼气还原。

【功效】加强腿部、躯干、肩部、手臂力量，舒展肩背，扩张胸部，拉伸腹部，缓解压力。

【要点提示】除双手、脚背以外，其他身体部位均离开地面。胸腔上提，充分后展，头部不宜过度后仰。

【难度指数】★★★

图2-44　鱼式　　　　　图2-45　上犬式

十二、骆驼式（大骆驼）

①金刚坐姿准备。跪立，双膝分开与髋同宽，脚背贴地，双手扶髋，肘内收，胸部上提。双臂依次经前向上、向后，双手抓脚掌，大腿、手臂垂直于地面（图2-46）。

②保持几组呼吸，然后还原。

【呼吸】吸气手臂上提，呼气后展。

【功效】有助于矫正扣肩、驼背等不良体态，改善胸廓形态，增强腰背部肌肉力量。

【要点提示】大腿及双臂垂直地面，胸腔充分打开，脊柱后展，头部不宜过度后仰。

【难度指数】★★★

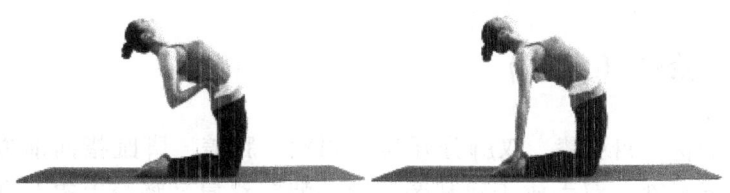

图 2-46　骆驼式

十三、弓式（拉弓）

①俯卧准备。双腿分开与髋同宽，屈双膝，双手抓脚踝。头、胸、双腿同时上提，充分伸展脊柱（图 2-47）。

②保持几组呼吸，然后还原。

【呼吸】吸气上提，呼气还原。

【功效】伸展和强化脊柱，矫正驼背，按摩腹部。

【要点提示】双膝与肩同宽，胸腔充分打开，头部不宜过度后仰。

【难度指数】★★★

图 2-47　弓式

十四、卧英雄式（小英雄卧）

①英雄坐姿准备。上体后倾，双肘依次落于体后撑地，胸腔上提，头部慢慢后仰直至头触地。双臂向上举过头顶，互抱肘部触地（图 2-48）。

②保持几组呼吸，然后还原。

【呼吸】吸气胸腔上提，呼气还原。

【功效】加强大腿前侧肌群的拉伸，伸展腹部，促进血液循环，灵活膝、踝关节。

【要点提示】臀部落于双脚之间，双膝并拢，胸腔上提。患严重脊椎疾病者不宜练习此式。

【难度指数】★★★

十五、轮式（大桥）

①仰卧准备。屈双膝，双脚分开与肩同宽。膝盖、脚趾指向前方，脚掌踩地，足跟靠近臀部，双手放于双耳旁，指尖朝向双肩。胸腔上提，脊柱充分后展，臀部上抬，双臂伸直，身体呈半圆形（图2-49）。

②保持几组呼吸，然后还原。

【呼吸】吸气时胸腔上提，呼气时脊柱后展。

【功效】伸展身体前侧，灵活脊柱，促进血液循环。

【要点提示】双脚、双手分开均与肩同宽，脚尖与膝关节均指向正前方，手与脚之间距离尽量缩短，脊柱均衡后展。患严重腰椎疾病者不宜练习此式。

【难度指数】★★★

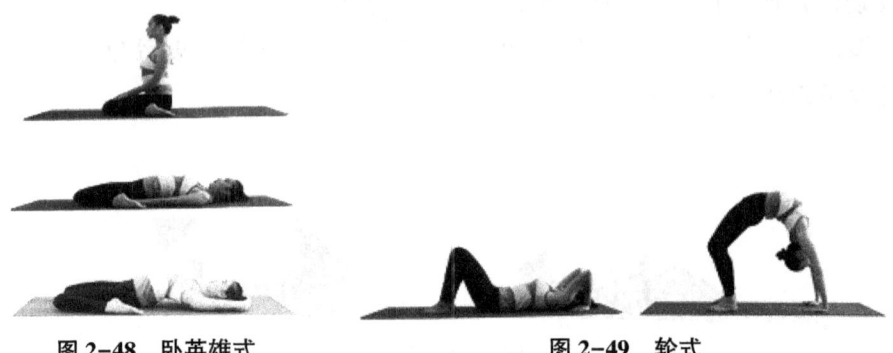

图2-48　卧英雄式　　　　　图2-49　轮式

十六、单手鸽王式（单手小鸽子）

①简易鸽式准备（见中立伸展体式）。屈右膝，右手反手抓握右脚，转肩，肘指向上方。左臂向前上方伸展，结智慧手印，胸腔上提，脊柱后展，尽量以头触脚（图2-50）。

②保持几组呼吸，然后还原。

【呼吸】吸气胸腔上提，呼气脊柱后展。
【功效】灵活脊柱，加强腰背力量，伸展前侧肌群，促进血液循环。
【要点提示】双膝呈直线，大腿、臀部贴地，脚掌触头，肘尖向上，胸腔上提，脊柱后展。
【难度指数】★★★

图 2-50　单手鸽王式

十七、云雀式（飞翔的鸟）

①简易鸽式准备（见中立伸展体式）。双臂侧平举，掌心向下。双眼平视前方。提胸腔，抬头后展（图 2-51）。

②保持几组呼吸，然后还原。

【呼吸】吸气双臂侧平举，呼气抬头后展。
【功效】拉伸臀部和腿部肌群，灵活髋、膝、踝关节，缓解脊柱压力，柔软脊柱。
【要点提示】骨盆中正，屈膝腿的膝关节指向正前方，头部不宜过度后仰。
【难度指数】★★★

图 2-51　云雀式

十八、全眼镜蛇式（圆环）

①俯卧准备。双腿分开与髋同宽，双手置于胸部两侧，指尖对齐肩膀，肘内

收。胸部上提，手臂推地，向后伸展脊柱，延伸下颌，屈双膝，脚掌与头部尽量相触（图2-52）。

②保持几组呼吸，然后还原。

【呼吸】吸气抬起，呼气后展。

【功效】伸展躯干前侧，强化上肢及背部肌群。

【要点提示】头部与脚掌尽量相触，胸腔上提，脊柱后展，头部不可过度后仰。

【难度指数】★★★

图2-52　全眼镜蛇式

第五节　侧弯类瑜伽体式

一、风吹树式（风吹小树苗）

①山式站姿准备。双手从两侧向上至头顶上方合掌。躯干向右侧弯曲，头部保持中正（图2-53）。

②保持几组呼吸，然后还原。

【呼吸】侧弯时呼气，回正时吸气。

【功效】均衡伸展躯干两侧，缓解肩背部不适。

【要点提示】头在双臂之间，髋部保持中正，身体保持在同一平面。

【难度指数】★

二、门式

①金刚坐姿准备。跪立，双臂经体侧打开在头顶上方合掌。右腿支撑重心，左腿于体侧伸直。身体向右侧展，右手在右脚后触地。左臂上举，掌心朝前。眼睛看向左手方向（图2-54）。

②保持几组呼吸，然后还原。

【呼吸】吸气时延展脊柱，呼气时侧展。

【功效】伸展腿部内侧、后侧肌群，伸展侧腰及手臂肌群，强健髋部和腿部。

【要点提示】躯干与两大腿在同一平面，屈膝支撑腿与地面保持垂直，上方手臂向上伸展。

【难度指数】★

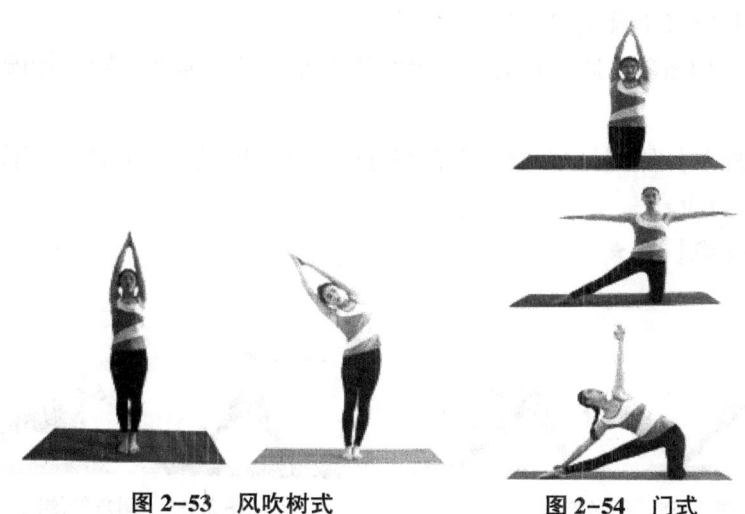

图 2-53　风吹树式　　　　图 2-54　门式

三、三角伸展式（三角形）

①山式站姿准备。双脚分开两肩半宽，左脚向左展 90 度，左脚内收 15~30 度，双臂侧平举。躯干向左侧延伸弯曲，左手掌置于左脚外侧地面，右臂上举，双臂呈一条线垂直于地面，目视上方指尖（图 2-55）。

②保持几组呼吸，然后还原。

【呼吸】吸气手臂抬起，呼气躯干侧弯。

【功效】增强膝关节、踝关节稳定性，伸展手臂、侧腰及腿部内侧、后侧肌群。

【要点提示】身体始终保持在同一平面，前脚足跟与后脚足弓在一条线上，双臂呈直线垂直于地面。

【难度指数】★★

四、侧角伸展式

①山式站姿准备。双脚分开两肩半宽，右脚尖向右展90度，右脚内收约30度，双臂侧平举。屈右膝，躯干向右侧延伸弯曲，右手掌置于右脚外侧地面，左臂伸展与躯干呈一条直线（图2-56）。

②保持几组呼吸，然后还原。

【呼吸】吸气手臂抬起，呼气躯干侧弯。

【功效】增强髋、膝、踝关节稳定性及腿部力量，伸展手臂、侧腰及腿部内侧、后侧肌群。

【要点提示】屈腿呈90度，上臂与身体、伸直腿呈一条直线，下臂置于腿外侧，垂直于地面。

【难度指数】★★

图 2-55　三角伸展式　　　　　图 2-56　侧角伸展式

五、扭头触膝式

①山式坐姿准备。屈右膝，髋外展，脚跟靠近会阴，左腿向左侧打开与躯干在同一平面，双臂侧平举。躯干向左侧弯曲，左手外旋，虎口向下，抓握左脚，左肘置于左腿内侧，右臂向上伸展，右手抓握左脚，挺直腰背，身体向右上方扭转，目视上方（图2-57）。

②保持几组呼吸，然后还原。

【呼吸】吸气展臂，呼气侧弯、扭转。

【功效】灵活脊柱，拉伸躯干双侧，缓解背部不适，促进血液循环，按摩腹部。

【要点提示】双脚及臀部紧贴地面，双臂与后背在一个平面，尽量向上翻转，下方手肘落地，侧腰贴腿。

【难度指数】★★★

图 2-57 扭头触膝式

第六节　中立伸展类瑜伽体式

一、幻椅式（椅子）

①山式站姿准备。双臂从两侧上举至头顶上方合掌。屈膝，大腿与地面平行，手臂、背部保持平直（图 2-58）。

②保持几组呼吸，然后还原。

【呼吸】下蹲时呼气，还原时吸气。

【功效】缓解肩部不适，矫正不良姿势，增强脚踝灵活性及腿部肌肉力量，伸展背部，扩展胸腔。

【要点提示】膝关节不要超过足尖，后背保持平直，与双臂在同一平面，头部在双臂之间。避免塌腰、翘臀。

【难度指数】★

二、祈祷式

山式站姿准备。双手在胸前合掌，目视前方（图 2-59）。

【呼吸】保持正常呼吸。

【功效】有助于保持专注，放松身心，为后续体式做准备。

【要点提示】前臂呈一条直线平行于地面，双脚并拢，骨盆保持中正。

【难度指数】★

图 2-58　幻椅式　　　　图 2-59　祈祷式

三、战士一式

①山式站姿准备。双脚分开约两肩半宽，右脚向右转 90 度，左脚内收约 60 度，向右转髋，保持髋部中正。双臂经身体两侧向上抬起至头顶上方合掌，屈右膝呈 90 度，延展脊柱（图 2-60）。

②保持几组呼吸，然后还原。

【呼吸】吸气展臂，呼气屈膝。

【功效】增强髋、膝、踝关节稳定性及腿部力量，伸展手臂、侧腰及腿部内侧、后侧肌群，使胸部得到完整伸展。

【要点提示】屈腿呈 90 度，髋部保持中正，脊柱向上伸展。

【难度指数】★★

四、战士二式

①山式站姿准备。双脚分开约两肩半宽，右脚向右转 90 度，左脚内收约 30 度，双臂侧平举，延展脊柱。屈右膝呈 90 度，头转向右侧，目视右手中指方向（图 2-61）。

②保持几组呼吸，然后还原。

【呼吸】吸气手臂侧平举，呼气屈膝。

【功效】增强髋、膝、踝关节稳定性及腿部力量，伸展手臂、侧腰及腿部内侧、后侧肌群。

【要点提示】屈腿呈 90 度，骨盆保持中正，手臂呈一条直线平行于地面，脊柱垂直伸展，身体保持在同一平面。

【难度指数】★★

图 2-60　战士一式　　　　　图 2-61　战士二式

五、简易鸽式

①金刚坐姿准备。身体前倾，双手置于双肩下方，双臂、大腿垂直于地面。右膝弯曲向前移送，臀部落于双臂之间，膝关节指向正前方，脚跟抵近耻骨，左腿伸展压实地面，手臂垂直支撑于地面，伸展脊柱，目视前方（图2-62）。

②保持几组呼吸，然后还原。

【呼吸】吸气伸展，呼气沉髋保持。

【功效】伸展臀部和腿部肌群，增强髋、膝、踝关节灵活性，缓解脊柱压力。

【要点提示】屈膝腿膝关节指向正前方，骨盆中正下沉，胸腔打开，延展脊柱。

【难度指数】★★

图 2-62　简易鸽式

六、神猴式（美猴王）

①金刚坐姿准备。身体前倾，双手置于双肩下方，双臂、大腿垂直于地面。左腿向前移至两手之间，右腿保持原地不动，足跟向前滑动，至臀部落地，双手经体侧上举至头顶上方合掌，手臂伸直（图2-63）。

②保持几组呼吸，然后还原。

【呼吸】吸气伸展，呼气沉髋保持。

【功效】拉伸下肢韧带，促进髋部和腿部血液循环。

【要点提示】骨盆保持中正，双腿伸直贴地，双臂与躯干垂直向上伸展，足尖向上。

【难度指数】★★★

图 2-63　神猴式

第七节　扭转类瑜伽体式

一、简易扭脊式（扭一扭）

①山式坐姿准备。屈左膝，左脚置于右膝外侧，脚尖与右膝呈一条直线，脚掌踩实地面，右手臂向上延伸（图 2-64）。

②身体向左侧扭转，右腋窝抵住左膝外侧，右手抓住左脚踝，左手掌置于臀部正后侧，背部伸展，脊柱垂直地面，转头，目视后方（图 2-65）。

③保持几组呼吸，然后还原。

【呼吸】吸气伸展，呼气扭转。

【功效】加强脊柱的伸展，提高脊柱的灵活性，促进血液循环，按摩腹部。

【要点提示】后侧手放在臀部正后方，下颌、双肩和屈膝腿在同一平面，脊柱充分伸展，保持腹部中正，臀部压实地面。

【难度指数】★

图2-64 简易扭脊式（1）

图2-65 简易扭脊式（2）

二、仰卧扭脊式（仰卧扭一扭）

①仰卧准备。双腿并拢，脚尖向上。双臂侧平展，掌心向下置于地面。屈左膝，左脚置于右大腿上，脚尖与右膝对齐（图2-66）。

②右手置于左膝上。左膝带动脊柱转向右侧直至贴地，头部向对侧转动，目视左手中指，双肩尽量下沉（图2-67）。

③保持几组呼吸，然后还原。

【呼吸】身体扭转时呼气，回正时吸气。

【功效】提高脊柱的灵活性，按摩腹部。促进血液循环，放松背部肌群。

【要点提示】双肩始终贴于地面，屈膝腿内侧贴地，头转向相反方向。

【难度指数】★

图2-66 仰卧扭脊式（1）

图2-67 仰卧扭脊式（2）

三、扭脊式

①山式坐姿准备。屈左膝，左脚置于右膝外侧，脚尖与右膝呈一条直线，脚掌踩实地面，屈右膝，右脚置于左臀外，右手臂经外侧向上延伸（图2-68）。

②身体向左侧扭转，右腋窝抵住左膝外侧，右手抓住左脚踝，左手掌置于臀部正后侧，背部伸展，脊柱垂直地面，转头，目视后方（图2-69）。

③保持几组呼吸，然后还原。

【呼吸】吸气伸展，呼气扭转。

【功效】加强脊柱的伸展，提高脊柱的灵活性，促进血液循环，按摩腹部。

【要点提示】后侧手放在臀部正右方，下颌、双肩在同一平面，脊柱充分伸展，扭转时应保持骨盆稳定，臀部压实地面。

【难度指数】★★

图 2-68　扭脊式（1）　　　　图 2-69　扭脊式（2）

四、半莲花扭脊式（莲花扭）

①山式坐姿准备。屈右膝，将右脚背置于左大腿根部，靠近腹股沟处。左手臂经体侧上举，带动身体前屈，左臂伸直，左手落于左脚附近。右手三指抓左脚大脚趾，伸直左臂，延展脊柱（图2-70）。

②左臂向前抬起，带动脊柱向左后方扭转，目视左手指尖方向（图2-71）。

③保持几组呼吸，然后还原。

【呼吸】吸气延展脊柱，呼气扭转。

【功效】灵活脊柱，缓解背部不适。

【要点提示】屈膝腿贴合地面，脊柱充分延展，左臂与地面平行。

【难度指数】★★

图 2-70　半莲花扭脊式（1）

图 2-71　半莲花扭脊式（2）

五、半三角扭转式

①山式站姿准备。双脚分开约两肩半宽，双手侧平举。髋屈曲，左手置于胸部正下方撑地，手臂垂直于地面，延展脊柱。右臂带动脊柱向右上方扭转，目视右手指尖方向（图2-72）。

②保持几组呼吸，然后还原。

【呼吸】吸气延展脊柱，呼气扭转。

【功效】灵活脊柱，拉伸腰部和腿部后侧肌群。

【要点提示】骨盆保持中正，双臂呈一条直线垂直地面，脚趾朝前或微内扣。

【难度指数】★★

图 2-72　半三角扭转式

六、三角扭转式

①山式站姿准备。双脚分开约两肩半宽，右脚向右转90度，左脚内收约60度，向右转髋，保持中正，双臂经体侧向上伸展（图2-73）。

②髋屈曲，右手置于左脚外侧，扭转脊柱，左臂向上伸展，与右臂呈直线，目视左手指尖（图2-74）。

③保持几组呼吸，然后还原。

【呼吸】吸气伸展，呼气扭转。

【功效】拉伸躯干两侧、背部与双腿后侧肌肉，缓解背部不适，灵活脊柱，按摩腹部。

【要点提示】后脚内旋60度,双肩、双臂呈一直线垂直地面,下方手在前脚外侧,目视上方手指方向。

【难度指数】★★★

图 2-73　三角扭转式（1）　　　　图 2-74　三角扭转式（2）

第八节　平衡类瑜伽体式

一、摩天式（双手摸天）

①山式站姿准备。双脚分开与髋同宽,双手体前十指交叉。翻掌向上举至头顶,伸直双臂,同时提踵,目视前方（图2-75）。

②保持几组呼吸,然后还原。

【呼吸】吸气时伸展,还原时呼气。

【功效】伸展脊柱,促进肩、背部血液循环,有助于缓解疲劳。

【要点提示】骨盆中正,充分伸展腰背,双肩下沉,头部保持于双臂之间。

【难度指数】★

图 2-75　摩天式

二、树式（大树）

①山式站姿准备。屈右膝，将右脚置于左大腿内侧，脚跟靠近会阴，髋外展。双手合掌于胸前或伸展至头顶上方，凝视前方（图2-76）。

②保持几组呼吸，然后还原。

【呼吸】吸气伸展，呼气还原。

【功效】缓解肩部不适，增强脚踝与腿部肌肉力量，提高身体平衡能力和专注度。

【要点提示】脚掌置于对侧大腿根部，骨盆保持中正，脊柱充分向上伸展。

【难度指数】★

图 2-76 树式

三、半舰式

①山式坐姿准备。屈双膝，大腿贴近腹部，以坐骨为支撑点，收腹。抬起双脚，小腿平行于地面，双手向前伸直，掌心相对，与小腿平齐，腰背直立（图2-77）。

②保持几组呼吸，然后还原。

【呼吸】吸气脊柱伸展，呼气双腿抬起。

【功效】增强腹部肌肉力量，提高身体平衡能力。

【要点提示】脚尖向前，双肩、双臂与脚背在同一平面，头部和脊柱保持一条直线。

【难度指数】★★

四、船式（小船）

①仰卧准备。双手、双脚和躯干同时上抬，重心放于坐骨，双臂向前伸直平行于地面，掌心向下，也可用双手扣住大脚趾。脊柱延伸，背部展平，目视脚趾方向（图2-78）。

②保持几组呼吸，然后还原。

【呼吸】吸气准备，呼气抬起。

【功效】增强腹部肌肉力量，紧实腹部，提高身体平衡能力。

【要点提示】双臂、双腿向远延展伸直，后背平直。

【难度指数】★★★

图2-77　半船式　　　　　　　图2-78　船式

五、战士三式

①山式站姿准备。双手经体侧向上至头顶上方合掌。髋屈曲，同时左腿向后伸展，与躯干、手臂保持同一直线，平行于地面，脚尖指向后方，目视地面（图2-79）。

②保持几组呼吸，然后还原。

【呼吸】呼气髋屈曲，吸气还原。

【功效】增强腿、臀、背、肩部肌肉力量，提高平衡能力，培养专注力和意志力。

【要点提示】膝关节不可过伸，手臂、躯干与后展腿呈一线，平行于地面，髋部不可外翻。

【难度指数】★★★

图 2-79　战士三式

六、鸟王式

①山式站姿准备。屈膝，右腿缠绕于左腿上，右脚勾住左小腿。双臂前平举，右臂在上，双臂缠绕，双手合掌，拇指指向眉心，指尖与头部同高，目视前方，脊柱延展，屈膝下蹲（图 2-80）。

②保持几组呼吸，然后还原。

【呼吸】吸气延展脊柱，呼气屈膝下蹲。

【功效】提高平衡能力和专注力，灵活四肢关节，强化肌肉力量，放松背部。

【要点提示】双膝指向正前方，骨盆保持中正，背部平直。

【难度指数】★★★

七、舞蹈式

①山式站姿准备。屈右膝向后，右手抓握右脚踝，双膝并拢，保持平衡。左臂抬起向上伸展至伸直，上臂贴左耳，胸腔上提，延展脊柱，抬起右腿向后伸展，目视前方（图 2-81）。

②保持几组呼吸，然后还原。

【呼吸】吸气胸腔上提，呼气身体后展。

【功效】提高平衡能力与专注力，强化双臂、肩部、背部、髋部与腿部力量，舒展胸腔，延伸脊柱。

【要点提示】髋部不可外翻，后伸腿大腿平行于地面，手从外侧抓脚踝，胸腔打开，脊柱向上伸展。

【难度指数】★★★

图 2-80 鸟王式　　　　图 2-81 舞蹈式

八、侧板式

①金刚坐姿准备。身体前倾,双手置于肩下方,双臂、大腿垂直于地面,双腿依次向后伸直,脚趾点地,身体呈直线(图 2-82)。

②左手移至头部正下方,左臂支撑,身体转向右侧,双脚并拢,左脚外侧支撑于地面,同时抬起右臂上举,与左臂呈直线垂直于地面,头部、颈部、脊柱、双腿保持一条直线,并与髋部保持在同一平面(图 2-83)。

③保持几组呼吸,然后还原。

【呼吸】保持自然呼吸。

【功效】强化手臂、肩部、背部及腿部的肌肉力量,加强身体平衡能力与协调性。

【要点提示】保持身体各部位在同一平面,双臂呈直线垂直于地面,脊柱中正,双脚上下重叠。

【难度指数】★★★

图 2-82 侧板式(1)　　　　图 2-83 侧板式(2)

九、趾尖式

①山式站姿站立。屈右膝，右脚背放在左大腿根部（图2-84）。
②屈右膝下蹲，双手撑地，提踵，前脚掌支撑身体，右足跟抵住会阴，左膝下沉使右大腿与地面平行，双手胸前合掌（图2-85）。
③保持几组呼吸，然后还原。
【呼吸】保持自然呼吸。
【功效】增强平衡力和注意力，加强脚趾与脚踝的稳定性，提升专注力。
【要点提示】臀部落于足跟上，支撑腿的膝关节指向正前方，脊柱中立向上延展。
【难度指数】★★★

图2-84　趾尖式（1）　　　　图2-85　趾尖式（2）

第九节　倒置类瑜伽体式

一、顶峰式

①金刚坐姿准备。身体前倾，双手置于肩下方，双臂、大腿垂直于地面，脚趾回勾。伸直双膝，臀部上提，足跟下压（图2-86）。
②保持几组呼吸，然后还原。
【呼吸】吸气臀部上提，呼气足跟下压。
【功效】拉伸背部和腿部后侧肌群，增强手臂力量，改善头部血液循环，缓解疲劳。
【要点提示】头部、颈部、双臂与背部在同一平面内，双脚并拢，足跟压地，双腿后侧充分伸展。患高血压或血糖偏低者谨慎练习。

【难度指数】★★

图 2-86　顶峰式

二、肩倒立式

①仰卧准备。双臂下压,腹部发力将双腿、臀部、背部抬离地面,同时屈肘,保持双肘与双肩同宽,双掌推送腰背部,使躯干、双脚呈直线与地面垂直,脚尖回勾,脚掌向上,下颌微收抵住锁骨(图 2-87)。

②保持几组呼吸,然后还原。

【呼吸】吸气准备,呼气向上。

【功效】加强颈部、肩部力量,放松背部肌群,改善血液循环。

【要点提示】后背展平与双腿呈直线垂直于地面,手肘内收撑地,同肩宽,脚掌向上。患颈椎病、椎间盘突出和高血压者不宜练习此式。

【难度指数】★★★

图 2-87　肩倒立式

三、犁式

①仰卧准备。双臂下压,腹部发力将双腿、臀部、背部抬离地面,双腿越过头顶,脚趾回勾点地,屈双肘内收撑地,双手推送上背部,保持背部直立(图 2-88)。

②保持几组呼吸,然后还原。

【呼吸】吸气时准备,呼气时抬腿越过头顶,双脚尖落地。

【功效】加强颈部、肩部力量，按摩腹部，放松背部肌群，促进血液循环。

【要点提示】后背展平垂直于地面，肘内收撑地，同肩宽，脚尖回勾点地。患颈椎病、椎间盘突出和高血压者不宜练习此式。

【难度指数】★★★

四、兔子式（小兔子）

①金刚坐姿准备。上身前屈，腹部贴于大腿前侧，双手在背后十指交握，掌根贴合，双臂伸直。臀部慢慢抬起，向前推送重心，经前额移动到头顶着地。手臂从体后向上举（图2-89）。

②保持几组呼吸，然后还原。

【呼吸】吸气完成体式，呼气还原。

【功效】舒缓头部和颈部的紧张，促进头部血液循环，拉伸肩、背肌群。

【要点提示】臀部抬起速度速度不宜过快，颈部收紧，手臂向上。

【难度指数】★★★

图2-88 犁式　　　图2-89 兔子式

第十节　其他类型的瑜伽体式

一、骑马式

①金刚坐姿准备。跪立，右腿向前一大步，双手位于双肩下方，左膝和左脚趾着地。髋部前推下沉，脊柱充分伸展，目视前方（图2-90）。

②保持几组呼吸，然后还原。

【呼吸】吸气脊柱充分伸展，呼气沉肩。

【功效】伸展大腿前后侧肌肉，促进骨盆区域血液循环。

【要点提示】后脚趾点地，指尖与脚尖在一条直线，前置腿小腿垂直于地面，髋部保持中正下沉。

【难度指数】★

图 2-90　骑马式

二、斜板式（滑梯）

①金刚坐姿准备。身体前倾，双手置于双肩下方，双臂、大腿垂直于地面。双腿依次向后伸直，脚趾点地，身体呈一个平面（图 2-91）。

②保持几组呼吸，然后还原。

【呼吸】保持自然呼吸。

【功效】提高机体的整体力量。

【要点提示】头部与身体呈一平面，手臂与地面垂直。肘窝相对，背部保持平直。

【难度指数】★

图 2-91　斜板式

三、上伸腿式

①仰卧准备。双腿抬起与地面垂直，在双腿抬起与放下的过程中，也可分段

停留，增加强度（图2-92）。

②保持几组呼吸，然后还原。

【呼吸】先吸气，呼气时抬腿；再次吸气，呼气时缓慢放下。

【功效】增强腹部、腿部力量，紧实腹部肌肉。

【要点提示】双腿垂直于地面，脚掌向上，腰、背、臀部均贴合地面。患高血压与坐骨神经痛者不宜练习此式。

【难度指数】★

图2-92 上伸腿式

四、猫伸展式（猫咪伸展）

①金刚坐姿准备。身体前倾，双手置于双肩下方，指尖与肩部上下对齐，双膝与髋部同宽。脊柱逐节伸展，扩展胸腔，随后收腹、拱背，目视肚脐方向（图2-93）。

②保持呼吸，交替完成，然后还原。

【呼吸】伸展时吸气，拱背时呼气。

【功效】增加脊柱灵活性，放松肩颈。

【要点提示】伸展时手臂、大腿始终垂直于地面，脚背压实地面。

【难度指数】★

图2-93 猫伸展式

五、背祈祷式

①简易坐姿准备。双手于背后合掌,指尖沿脊柱由尾骨处匀速向上移动,直至双掌置于胸椎、两肩胛骨中间(图2-94)。

②保持几组呼吸,然后还原。

【呼吸】保持自然呼吸。

【功效】改善含胸驼背等不良体态,锻炼上肢肌肉,舒展肩关节,强化呼吸功能。

【要点提示】延展脊柱,腰背挺直,双掌根始终贴紧。

【难度指数】★

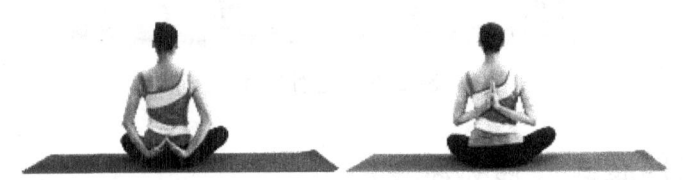

图 2-94　背祈祷式

六、蝴蝶式(蝴蝶飞)

山式站姿准备。屈双膝,脚掌相合,脚跟贴近会阴,双手十指交叉抓握脚背,躯干直立,双膝上提、下沉,反复练习(图2-95)。

【呼吸】保持自然呼吸。

【功效】促进骨盆和腹部区域的血液循环,灵活髋关节,缓解坐骨神经痛。

【要点提示】双脚跟贴近会阴,双膝下沉时贴地,躯干自然伸直。

【难度指数】★★

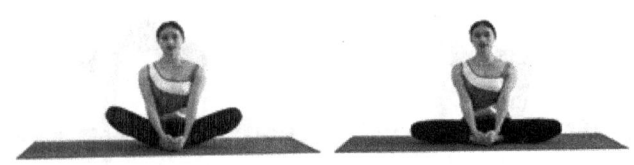

图 2-95　蝴蝶式

七、虎式（大老虎）

金刚坐姿准备。身体前倾，双手置于双肩下方，指尖与肩部上下对齐，双膝与髋同宽呈跪姿。脊柱逐节伸展，扩展胸腔，同时伸直左腿向后上方抬起，左脚掌与枕骨相对。然后左膝内收，逐节拱背，低头使鼻尖与左膝相触，目视肚脐，反复练习（图 2-96）。

【呼吸】吸气抬腿向后，呼气收腿向前。
【功效】增强脊柱灵活性，放松肩颈，增强手臂、腿部及臀部肌肉力量。
【要点提示】骨盆保持中正，脚掌与枕骨相对，鼻尖触膝，手臂及支撑大腿始终垂直于地面，脚背压实地面。
【难度指数】★★

图 2-96　虎式

八、八体投地式（八点着地）

金刚坐姿准备。身体前倾，双手置于双肩下方，双臂、大腿垂直于地面，脚趾点地。身体重心前移，屈肘，胸部落于两手之间，下颌、胸部、双手、双膝及双脚脚尖八个部位与地面接触（图 2-97）。

【呼吸】吸气时准备，呼气时身体下沉前移。
【功效】增强手臂及背部肌肉力量，灵活上肢关节。
【要点提示】肘内收指向正后方，双脚趾、双膝、胸部、双手掌、下颌贴地。
【难度指数】★★

九、反斜板式（反滑梯）

①山式坐姿准备。双手分开与双肩同宽，置于臀部正后方一掌处，手臂支撑躯干垂直于地面，指尖向后，脚掌下压撑地，将臀部抬起与身体保持在直线上，

目视上方（图2-98）。

②保持几组呼吸，然后还原。

【呼吸】吸气臀部上抬，呼气还原。

【功效】增强躯干力量，提高腕、踝关节的稳定性。

【要点提示】手指尖向后，除手臂外的其他身体部位在同一直线，脚掌完全贴地。

【难度指数】★★

图2-97　八体投地式　　　　图2-98　反斜板式

十、扳腿式

①山式坐姿准备。屈右膝，双手握右脚踝，右膝伸直，双臂借力将右腿抬高。左腿伸直贴地，腰背直立（图2-99）。

②保持几组呼吸，然后还原。

【呼吸】吸气屈膝握脚踝，呼气伸展腿。

【功效】增强腿部柔韧性，促进腿部血液循环，增强腰腹部力量。

【要点提示】双膝伸直，脊柱向上延展，骨盆保持中正。

【难度指数】★★

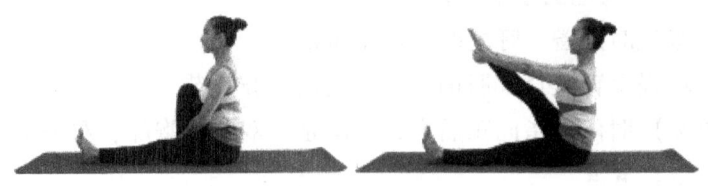

图2-99　扳腿式

十一、牛面式

①山式坐姿准备。双腿屈膝交叠，右膝位于左膝正上方，脚跟贴近臀部两

侧,脚掌向后(图2-100)。

②右臂经体侧向上举过头顶,屈肘将掌心贴于后背,同时左臂经体侧打开向后旋绕,双手在背后相扣,延伸脊柱(图2-101)。

③保持几组呼吸,然后还原。

【呼吸】保持自然呼吸。

【功效】缓解疲劳,灵活四肢关节,强化背部肌肉。

【要点提示】双膝重叠在直线,足跟贴臀部外侧,上方肘与头、颈呈直线,臀部两侧均匀着地。

【难度指数】★★★

图2-100　牛面式(1)　　　　图2-101　牛面式(2)

十二、侧鸽式

①金刚坐姿准备。身体前倾,双手置于双肩下方,双臂、大腿垂直于地面,左膝弯曲向前移送,臀部落于双臂之间,膝关节指向正前方,脚跟抵近耻骨,上体微左转(图2-102)。

②屈左膝,右脚置于同侧肘窝处,双手于体前相扣,前臂端平呈一条直线,双臂上抬绕至脑后,脊柱立直,头转向左侧,目视前方(图2-103)。

③保持几组呼吸,然后还原。

【呼吸】吸气伸展,呼气沉髋保持。

【功效】促进骨盆区域血液循环,拉伸臀部和腿部肌肉群,灵活肩、髋、膝、踝关节,缓解脊柱压力。

【要点提示】前后两膝关节在一条直线,侧腹充分伸展,双肘与背部在同一平面。

【难度指数】★★★

图 2-102　侧鸽式（1）　　　　图 2-103　侧鸽式（2）

十三、直角扭转式（扭扭车）

①山式站姿准备。双脚分开微比肩宽，双手于体前十指交叉翻掌向外，双臂举至头顶上方。髋屈曲至躯干与地面平行，向左、右水平摆动至极限（图 2-104）。

②保持几组呼吸，然后还原。

【呼吸】呼气向左、右摆动，吸气回正。

【功效】增强髋、肩的灵活性，拉伸腰背，强化核心力量。

【要点提示】手臂、后背在同一平面，与下肢呈 90 度角，摆动时双脚、双膝稳定不变，骨盆保持中正。

【难度指数】★★★

图 2-104　直角扭转式

十四、坐姿单腿碰头式（打电话）

①山式坐姿准备。屈右膝，髋外展，背部挺直，右手抓右脚大脚趾，将右脚拉近到右耳处，抬头，目视前方（图 2-105）。

②保持几组呼吸，然后还原，换另一侧练习。

【呼吸】保持自然呼吸。

【功效】灵活髋关节，强化脊柱，增强背部肌群力量。

【要点提示】前伸腿后侧与臀部始终贴于地面，抬起脚置于颈后侧，脊柱尽量向上伸展。

【难度指数】★★★

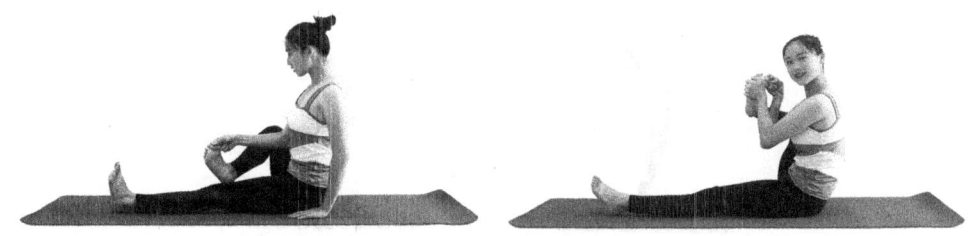

图 2-105　坐姿单腿碰头式

第十一节　经典瑜伽体式组合——拜日式

拜日式是来源于对初升的太阳表示膜拜、致敬的一系列动作，也叫向太阳致敬式。因此，在完成拜日式时不仅要体会体式给身体带来的感受，心中也要满怀感激之情。

瑜伽拜日式不但可以作为瑜伽的组合练习套路，同时它也是最好的热身动作。在呼吸的配合下，拜日式的动作过程可舒展肢体，活化脊椎，促进周身血液循环，使头部供血、供氧充足，增强记忆力。而且拜日式中包含的体式动作分别对身体的某个系统有益处，将它们连贯起来，就能把全身的各个系统调动起来。清晨起床后做几遍拜日式，能提高一天的代谢水平，使人精神饱满、身心愉悦、充满自信。

拜日式套路由 12 个体式组成，涉及 7 种不同体式。12 式为一个回合，两个回合为一组完整的套路。第一个回合的前一个骑马式是右腿向后迈出，后一个骑马式开始时右腿由顶峰式屈膝回收至双手间；第二个回合的前一个骑马式是左腿向后迈出，后一个骑马式开始时左腿由顶峰式屈膝回收至双手间。

拜日式可以练习一个回合，也可以根据练习者情况，重复多个回合反复练习，体式及完成顺序（图 2-106）。

1/12 祈祷式

图 2-106 健身瑜伽拜日式

第三章
特殊学生健身瑜伽课程教学与组织

特殊学校开展健身瑜伽课程教学有其规律和特点，瑜伽教师不仅要掌握关于项目知识和运动技术层面的内容，还应具备根据特殊学生的特点组织和开展课程教学的能力。

本章介绍了特殊学生健身瑜伽课程的教学与组织，包括特殊学生健身瑜伽教学原则、教学方法、体式纠正方法等内容。还针对整堂课的教学流程、教学内容设计及学习评价等方面进行了重点介绍，方便特殊学校健身瑜伽教师更轻松、更有效地实施特殊学生健身瑜伽课程教学。

第一节　特殊学生健身瑜伽教学原则

特殊学生由于自身原因导致活动受限，同时也伴随着不同程度的身体和心理方面的健康问题。怎样通过健身瑜伽有效改善其身体机能、促进身心健康发展？在教学中，我们不仅要全面了解特殊学生的身心发展状况，根据不同残障类型学生的实际情况及个体差异选择与之相适应的健身瑜伽学习内容，遵循特殊学生的认知规律和身心特点，同时还必须遵循以下原则。

一、安全性原则

安全性原则是指在教学过程中，确保所有学生在安全可靠的环境下开展教学活动，教师在尽到自身对学生保护义务的同时还要适时对学生进行安全运动的教育，强化学生自我保护意识。安全是特殊学生健身瑜伽教学的首要原则，特殊学生由于身体的缺陷或障碍，往往还伴随一些其他疾病，如癫痫、心脏病等，所以在教学中一定要全面了解学生身体状况，在确保安全的前提下，选择适宜的瑜伽教学环境，安排合适的健身瑜伽教学内容，科学合理、安全有效地实施健身瑜伽教学。

二、强身健体原则

强身健体原则是指在教学过程中必须体现缺陷补偿功能，通过合理有效的教学手段和方法使特殊学生的机体功能得到最大限度的康复或代偿，为学习和掌握新的运动技能奠定良好的身体基础。特殊学生由于存在不同的身心障碍，这些障碍不同程度地影响着他们的身体活动能力，所以在教学中要注意全面锻炼他们的各项身体机能，在教学内容的选择、运动负荷的安排上都应以实现其缺陷补偿、强身健体为目标，一定注意避免内容不适或运动负荷过大对学生身体造成不必要的伤害。

三、个别化原则

个别化原则是在教学过程中，教师依据特殊学生的个体差异的显著特点，为每一个学生提供他们所能完成的基本学习内容，然后采取相应的教学方法以达到教学目标。学生的个体差异大，不仅表现在身体能力方面，还有心理、认知等多个方面的差异，所以教师要深入细致地了解每一个学生，并根据不同残障类型、不同性别、年龄及特殊学生个体身心发展的实际水平和需求目标，运用相适应的方法或手段，有针对性地安排课程内容，进行相应的健身瑜伽教学，使其获得相应的身心发展，健康成长。

四、循序渐进原则

循序渐进原则是指体育锻炼必须遵循人体自然发展、机体适应的基本规律，从不同的主、客观实际出发，合理安排运动负荷，在渐进的基础上提高锻炼水平。遵循特殊学生的身心特点和认知规律，从简单易行的动作做起，使其具备相应基础条件之后逐渐增加复杂的动作技能，尽可能多地给予他们获得成功和完成动作的机会。要建立其自信心，帮助他们克服急躁情绪，每次教学应根据他们的能力安排适当的内容，让他们有充分的时间通过不断地学与练来掌握一些健身瑜伽基本动作。

五、全面发展原则

全面发展原则是指体育锻炼必须追求身心全面和谐发展，使身体形态、机能、身体素质及心理素质等方面得到全面协调发展。对于特殊学生的发展，我们最终希望他们能融入社会，因此，在健身瑜伽教学中，我们不仅要注意瑜伽技能练习的全面性，同时要注意培养和发展他们适应社会的能力，使他们掌握与他人交往、合作、自我管理等方面的能力和技能。如通过教学中的团队合作、互相帮助等提高其相互交往、融入社会的能力，促进其形成适应社会的自理能力，并获得相应的社会经验，全面提升其素养。

六、直观形象原则

直观形象原则是指在教学过程中要通过学生观察所学的事物或教师语言的形象描述引导学生形成对所学事物、过程的清晰表象，丰富他们的感性知识，从而使他们能够正确理解书本知识。对特殊学生进行健身瑜伽教学时，应尽可能根据学生实际情况，选择相应的教学方式或手段，让他们通过自己擅长的认知方式，对所学动作或内容进行直观或形象化的感知，如以身示范、实物、投影、电视、动作固定等，帮助学生加深对动作技术的感受和理解，帮助学生集中注意力，提高学生学习的兴趣和积极性，促进动作表象的形成。在教学时要认真进行形象化教具的选择，注意形象和语言的亲密结合，把两个信号系统结合起来。在指导时多采用示范等直观有效的方法，并要注意多利用直观教具，以矫正第一、二信号系统脱节现象。对智障学生来说，使用强的视觉及听觉刺激会得到很好的效果。

七、补偿性原则

补偿性原则是指在教学过程中要针对特殊学生不同的身心特点，尽量用健全器官来代替受损器官的组织功能，充分发挥学生的潜能，增强特殊学生的适应能力。对于不同障碍类型的学生，我们要根据实际情况有计划、系统地补偿学生的身心缺陷，促进其康复和适应社会生活。贯彻补偿性原则还要注意全面了解不同类别的特殊学生的个体特点、身心缺陷及补偿需求特点，然后制订健身瑜伽方案并坚持不懈地加以实施。如视觉障碍学生可以使用现代教学技术，调动其听觉、触觉等多个感官进行学习活动，实现缺陷补偿。

八、充分练习原则

在特殊学生动作技能形成的泛化、分化阶段，要细心指导，反复练习，从而使学习的技能达到熟练和运用自如的程度，这是要遵循运动技能才能形成的基本规律。开展特殊学生健身瑜伽，首先要提升其参与意识，激发兴趣，培养良好的健身习惯，提高身体机能，使其身体障碍获得康复或补偿，促进身心健康发展。特殊学生健身瑜伽不在于其水平的高低，重在参与体验、康复和健康，以及良好习惯的养成。

九、成功性原则

特殊学生往往由于身体的障碍，学习能力弱且害怕失败，过多的失败会打击其学习兴趣，使他们缺少学习的信心。所以在健身瑜伽教学过程中，要注意适时鼓励他们，尽可能帮助他们树立成功的信心，并提供尽可能多的成功机会和体验，增强其学习的信心和勇于尝试的勇气，对于他们在学习过程中即使是微小的进步，也要及时进行强化。因有些微小的、常人看来是微不足道的进步，对他们来说也许就是成功的开始。

十、趣味性原则

趣味性原则是指在教学过程中使学生体验运动的乐趣，并享受运动的快乐。在对特殊学生进行体育教学指导时，还要注意使学生始终在欢乐的情绪中自我要求，在自我练习反馈中体验获得成功的内心愉悦，提高学习的积极性和主动性，使他们通过努力能够获得成功，并认识到自身的价值和尊严。对他们取得的成功和进步要及时给予表扬和鼓励，切忌过多地批评和惩罚学生，要注意多站在学生的角度，体会学生的主观感受来思量教学内容、方法、组织等细节，激发其兴趣。

十一、情景性原则

运用情景进行教学引导特殊学生学习和理解健身瑜伽，在教学中我们通过多种教学手段，运用一切可能的教学条件，积极创设符合特殊学生心理和认知特点的教学情景，便于他们通过特定气氛的感染，获得生动、形象的具体表现，吸引特殊学生参与其中，并激发其学习欲望和动力，促进他们对健身瑜伽的理解和动作的掌握，从而获取最理想的教学效果。

第二节　特殊学生健身瑜伽教学方法

每种类型和程度不同的特殊学生在身体和心理方面都有特殊性，情况也是千差万别，教师应根据学生现实情况、场地情况，精心设计并找出规律，运用课堂教学的规律，尽量让课堂气氛活跃。特殊学生健身瑜伽课程的教学方法、手段的运用需要多样化，根据学生的实际情况灵活选用，教师可利用一切有利于教学的新手段来吸引学生的注意力，只有这样才能提升特殊学生健身瑜伽课程的教学效果。常用的特殊学生健身瑜伽教学方法有任务分析法、游戏教学法、多重感官教学法等。

一、任务分析法

高尔德曾经指出："给重度或者极重度缺陷儿童教或不教某种任务的考虑，必须依据这种任务是否能被分解成一个一个可进行教学的成分，而不是有关这种任务困难程度的一半感觉。"所谓任务分析法，是对动作体式进行分析，分成若干步骤，先进行各部分动作的教学，再将各部分有效连贯起来，旨在使学生能逐步、有效地掌握该体式。任务分析法在智力障碍学生教学中使用价值高，符合智力障碍学生教学中的小步子教学原则。在运用任务分析法时，教师应先正确分析特殊学生能力及各瑜伽运动轨迹的目标，遇到困难时可以配上生动形象的讲解与示范或添加辅助工具，促使学生更快掌握该瑜伽最终体式。

教学中先进行分解，有利于学生掌握动作之间衔接的细节，缩短学习动作的时间，并使动作做得更为准确，让学生对动作之间的衔接有整体的了解。同时也要注意，分解教学只是教学过程中的过渡手段，学生一旦熟练掌握后，就应引导他们将动作有效连贯起来。将分解与完整练习相结合的教学方法，便于学生循序渐进地掌握体式动作，避免受伤。

二、游戏教学法

游戏教学法就是通过设置游戏情景的方式，使学生在轻松的氛围中，或在欢快的活动中，或在有趣的竞争中，不知不觉地学到教材上的内容，它能使智障学生身体神经系统与各器官得到锻炼，促使其身体发育。游戏教学法是教师向智障学生传授知识、培养技能、矫正缺陷的行之有效的教学方法。

特殊学生健身瑜伽游戏教学法的使用步骤可分为：
①根据教学目标确定游戏主题和内容；
②布置场地、设计游戏环节、准备瑜伽辅具和音乐；
③讲解游戏规则；
④进行趣味游戏；
⑤结束游戏并进行总结。

游戏进行时，因特殊学生身体有缺陷，教师不必给予过多的要求与限制，做到接近瑜伽体式即可，游戏结束后再对瑜伽体式进行细节讲解。趣味游戏可使特殊学生的注意力更加集中，也可激发其学习兴趣，令他们在不知不觉间学会瑜伽体式，也学会互相配合，培养其竞争与合作能力。特殊学生健身瑜伽以游戏为主。

三、多重感官教学法

多重感官教学法也叫作视—听—动—触教学法。通过调动特殊学生的视觉、听觉、动觉、触觉等来接受信息，以获得最佳教学效果的方法。健身瑜伽是一门实践性很强的课程，需要每位学生充分利用自身的感官来参与。老师先以唱歌提问的方式作为一节瑜伽课的开始，比如老师唱："小眼睛呀在哪里？"双手呈"OK"手势，放在眼睛上。学生唱："在这里！"并模仿老师手势。再比如，在无法理解呼吸方法的时候，可以借助丝巾放在脸上，用鼻子、嘴巴呼吸，深吸气、深呼气，用力吸气、用力呼气等呼吸方式的区别可以通过丝巾的变化观察出来。运用多重感官法进行教学，需要教师在上课之前做好充分的准备，充分考虑学生的实际水平和运动能力。

四、发现教学法

发现教学法亦称假设法或探究法，是指教师在学生学习概念和原理时，不是单纯将学习的内容直接提供给学生，而是向学生提供一种问题情境，给学生一些事实（例）和问题，让学生积极思考，独立探究，自行发现并掌握相应的原理和结论的一种方法。

发现教学法的安排过程是：展开学习内容—创设问题—建立解决方案—反复

练习，发现潜能—转化为学生能力。运用发现教学法时要将教学难点、可能出现的问题等提出设想并罗列出来，教师要善于发现学生的优势，引导学生，调动学生积极性。

五、示范法与讲解法

（一）示范法

1. 示范法介绍

示范法是指教师直接展示动作的一种教学方法，它是瑜伽教学法中最常用也是最直观的方法。示范法有利于学生观察示范动作，形成对动作的正确印象，进而理解动作的要领和方法，再通过练习逐步地掌握动作。

2. 示范位置与示范面

示范的目的是使练习者清楚和了解动作，所以合理选择示范位置和示范面尤为重要。示范的位置要根据学生的位置来决定，要保证每一位学生都能看清示范动作。瑜伽课的常用队形是由若干横排组成的长方形。教师的示范位置一般在队形前面正中间，或在等边三角形（正前方）的尖端。如果学生所站的队形为圆形，教师的示范位置就应在圆心。

示范的面有镜面、背面和侧面三种：

（1）镜面示范

是指教师和学生面对面示范，教师所做的动作方向与学生所做的动作方向相反，学生看教师的动作就像在镜子中看到自己的动作一样。这是瑜伽教学中最常用的示范面。如教师动右脚，学生动左脚；教师向右转，学生向左转。

（2）背面示范

是指教师背对学生，学生与教师同一方向做体式的示范面。

（3）侧面示范

是指教师侧对学生做示范。

在教学中究竟采用哪种示范面，要根据教学实际情境来决定。比如，为使学生看清两脚位置与宽度、看清两臂侧举是否与地面平行等，应做镜面示范；为使学生看清上体是否中正、是否做到了收腰提臀，或者使学生看清两臂前伸时是否做到了与肩齐平，均应做侧面示范。背面示范，主要用于让学生看清背部动作。

（二）讲解法

1. 讲解法介绍

讲解法就是教师在示范动作的基础上，讲解动作的完成步骤、要领、呼吸、关注点等，以加深学生对动作的理解和掌握。讲解不仅能使学生获得相关知识，还可通过思维建立正确的技术动作概念，是教学中必不可少的环节。讲解时语言要简明扼要、形象、富有启发性，并注意讲解的准确性和目的性。

2. 运用讲解法的注意事项

（1）讲解时要用通俗易懂的语言

教师在讲解时应充分考虑到特殊学生的接受情况，使用学生能听懂的词语来进行教学。随着课程的推进，瑜伽教师也可引导学生逐步掌握瑜伽术语。

（2）讲解要条理清楚

讲解时要有条理和顺序，切忌忽上忽下、忽左忽右。在体式教学讲解时，顺序一般为：预备姿势—呼吸调整—完成体式的逐个步骤—意识调整（关注点）—还原，回到预备姿势。

（3）讲解要把握时机

要根据学生掌握体式的不同阶段进行讲解。在学习开始阶段，讲解时应有重点，不宜太多，主要讲清动作的路线、呼吸配合的节奏和注意事项等要即可。到了动作改进提高阶段，讲解就要深刻全面，注意细节。在动作运用自如阶段，即动作定型巩固阶段，讲解起着"精益求精"的作用，如意识关注的身体部位、呼吸的深度、动作的延展与准确度等均应反复强调，落实到体式的每一个细节上去。

（4）讲解要注意对象

根据不同的学习对象，必须学会运用语言的艺术，从学生的实际情况出发，恰当地讲解。在教授瑜伽课时一定要关注学生的心理状况，结合具体情况，耐心讲解，区别对待，减轻身体素质较低者的思想负担，提高教学效果。

六、提示法

（一）提示法介绍

1. 语言提示

即教学指导者用简洁的语言或口令提示练习者所要完成的动作名称、时间、数量、方向和质量的要求等。

2. 非语言提示

即教学指导者用肢体语言、面部表情、视线接触等方式提示学生完成的动作和完成的要求等。

（二）运用提示法的注意事项

在教学中教师有时会发现学生没有处在预想的状态中，这时不应鲁莽地予以调整，而应通过语言或轻柔的肢体暗示，指明动作的正确方向。提示时采用暗示法符合安全教学的原则，是引导学生进行安全练习的一种方法。

①运用语言提示法时，要用准确、恰当、简单的语言或口令来提示动作，并且声音要坚定有力、发音准确、声调恰当。教师应用正面积极的语言提示和激励学生。

②运用非语言提示时，要在运用肢体语言提示时，使学生明确肢体语言的含义。在使用肢体语言提示的同时可配合语言提示。

七、带领法

（一）带领法介绍

带领练习法是指教师或教师指定的人按照要求做指定的体式动作，让学生跟着练习的一种方法。带领练习法是瑜伽教学中的一个重要教学方法，是教师带领学生一起练习的再示范。

（二）运用带领法的注意事项

1. 带领的位置要适当

教师的带领位置，要根据人数、场地等具体情况合理选择，原则上教师带领时应尽量使每个学生都能看得见。

2. 带领的面向要合理

一般以镜面带领和背面带领两种为主，在教学过程中，根据实际情况还可以采用侧面带领法。

（1）镜面带领

是指教师面向学生，其所演示的动作方向与学生所练习的动作方向相反，带领学生练习。镜面带领的特点是：师生所演示的动作方向好像学生自己面向镜子练习，方向相反，动作一致，便于学生不费脑筋地学会动作。镜面带领可以使教师随时发现学生在动作中出现的缺点和错误，并及时纠正。

（2）背面带领

是指教师背对学生（和学生同向）进行带领。背向带领的特点是：由于动作相同，方向一致，便于学生跟做动作，能使学生清楚背后的动作细节。这种带领法一般是在学生已基本掌握动作后采用。但是这种带领法不能使教师及时发现学生动作技术上的错误，也不利于维持课堂教学秩序。

（3）侧面带领

是指教师侧对学生所进行的带领。侧面带领法可以使学生看清侧面动作，以及身体位置是否端正，有时会在教学过程中穿插使用。如在教学中教授顶峰式、战士式等体式时，教师就需侧面带领，以便于学生观察体式的要点。

3. 带领速度要适宜

教师在带领时，为了便于学生模仿动作，也给自己提供随时提示动作要领的时间，表现出瑜伽运动特有的韵律。一般来说，教师的带领速度要配合深长呼吸或自然呼吸。教师带领时，一定要将动作和呼吸节奏配合好，尽量做到均匀、连绵不断。

八、助力法

助力法是指教学指导者采用直接助力或间接助力，帮助学生掌握动作的一种方法。通过助力使练习者直接体会动作要领，以及动作的用力时机、大小、方向和身体各部位的正确位置，身体各部位与空间的关系，有助于提高身体动作的准确性。

助力法不仅可以起到帮助的作用，也可以对练习者起到保护作用，避免在练习一些难度较大或平衡控制的体式动作时，因为失去重心等情况造成损伤。采用助力法时要掌握正确的手法和适宜的力度，在充分掌握和评估学生身体素质条件的前提下进行助力帮助。切忌不可为了让学生的体式完成得更标准而盲目加大助力幅度。

九、多媒体教学法、图示法

可采用多媒体设备播放体式的练习视频、编排好的表演组合等，吸引学生的注意力。也可以通过图片和挂图等方法作为教学的补充，有助于学生加深对各个部位的姿态、身体细节等的理解。

第三节　特殊学生健身瑜伽教学辅导方法与体式纠正方法

瑜伽主要是帮助我们让心灵回归自然，激发内在的潜能。对特殊学生进行教学辅导时，要让他们去感受瑜伽练习所带来的欢乐，并且不强迫他们完成难度大的动作，通过游戏、语言等方式引导其自然地进入瑜伽体式。教师在辅导时应该引导他们去体会瑜伽练习带给身体和心灵上的变化，从而让他们感受到瑜伽的魅力。

一、特殊学生健身瑜伽教学辅导方法

（一）因人而异，培养兴趣

兴趣是学生学习的动机之一，它能调动起学生的积极性，使学生热衷于学习并乐此不疲。每个学生都是独一无二的，他们在每堂瑜伽课的状态都不一样，所以教师在课堂上要善于观察、善于发现、随机应变。并根据学生每节课的情绪和精神状态，巧妙地用语言进行引导，轻松愉悦地上课。

（二）加强指导，注意保护

特殊学生练习瑜伽，每个动作做到自己的极限即可，教师一定不可强求学生，否则容易造成损伤。教师应提前告知刚练习瑜伽的学生，练习后可能会出现迟缓性肌肉酸痛，不必紧张，下课后通过热敷和按摩即可缓解。每节瑜伽课应尽

量安排一位主教老师和一位助教，主教老师负责组织和教学，助教老师负责播放音乐和辅助学生完成体式。

（三）耐心辅导，给予鼓励

特殊学生因其特殊性，加上练习瑜伽会消耗体力，练习过程中情绪可能会出现懈怠，教师可以通过播放音乐、设计游戏环节等进行耐心指导和热情鼓励，激发学生内在的学习动机。例如，当学生完成一个体式后，不应直接指出其缺点，而是通过"如果能这样做就更棒了"等类似的正面语言激励，来引起学生的注意并给予其鼓励，让他们更加自信。

（四）言语引导，拓展思维

练习瑜伽时，教师要运用生动有趣的语言吸引学生的注意力。有些体式像物体，比如桥式，它像一座桥，可以让学生先说一说桥的形状和特征，开拓其思维，加深学生对体式的印象，这样做体式的时候就能有更好的效果。

（五）情景导入，发挥想象

瑜伽课堂教学可以跟讲故事一样，有序幕、开端、发展、高潮、结局、尾声。每个体式都可以尝试设计一个故事，比如树式，教师可以讲述与树有关的故事，进行角色扮演。教师扮演树妈妈，学生扮演树宝宝，促使其不断探索和思考。通过游戏的形式，进行体式练习。

（六）尊重个体，聆听内心

每个孩子都是独立的个体，他们的思维都是独立的，所以每个孩子练习瑜伽获得的感受是不一样的。练习时学生可以大胆说出内心所想，只要不会伤害到他人或自己，教师不必做过多评价。教师应尝试走入他们的内心，尊重他们的想法。

二、健身瑜伽体式的调整与纠正方法

（一）顶峰式的调整

调整方式1：如肩膀过于紧张，手臂的外旋动作没有做到位，可将练习者的肩膀往两侧转动，帮助打开（图3-1）。

调整方式2：当练习者的髂腰肌力量不足时，会导致髋部的折叠程度不足。

可用双手拉练习者两侧的髋部向后，提醒练习者将双手掌心压地，尽量将脚跟踩实地面（图3-2）。

图 3-1

图 3-2

（二）战士二式的调整

调整方式 1：手臂和肩的问题，帮助学生将双手臂端平，沉肩。

调整方式 2：对于骨盆向一侧倾斜导致脊柱弯曲、躯干不垂直于地面的情况，可用脚掌抵住学生侧髋的位置，双手拉其手臂使其躯干回到正中位（图3-3）。注意脚下不要发力过大，同时要保持自己的重心稳定。

调整方式 3：跪立，一手扶住学生髋部后侧，另一手扶在学生前侧腿的膝盖上，双手同时发力帮助学生做外展的动作，可调节骨盆和下肢位置不正确的问题（图 3-4）。

（三）三角伸展式的调整

调整方式：用大腿抵住学生身体的后侧保持稳定，一手扶住学生的上方手臂，另一手扶在髋部，帮助学生打开肩膀、胸腔、髋部并向上延展（图 3-5）。

图 3-3

图 3-4

图 3-5

(四) 站立背部伸展式的调整

调整方式 1：加强练习效果的深入调整手法。坐立，双脚脚掌抵住学生大腿后侧，双手握住学生双手并拉向自己，让学生体会深入前屈的感觉（图 3-6）。

调整方式 2：背部不能舒展、腘绳肌紧张时，可用大腿抵住学生的肩膀两侧以固定其重心，双手抱住学生的大腿后侧，用力拉向自己，让学生体会胸腹贴向大腿前侧（图 3-7）。

图 3-6

图 3-7

(五) 战士一式的调整

调整方式：双腿夹住学生后侧的大腿，保持其重心稳定，双手扶住学生的双臂并稍用力向上伸展。随后双手摆正学生的髋部，使其骨盆中正（图 3-8）。

图 3-8

(六) 树式的调整

调整方式：站立在学生身后，侧身抵住学生助其稳定。一手扶一侧髋部，另一手扶弯曲的膝盖，两手同时向自己这一侧方向施力，帮助学生将髋部与膝关节打开至同一平面上（图 3-9）。

（七）骆驼式的调整

调整方式：坐立，用一脚掌抵住学生肩胛带，双手扶其双肩并向自己这一侧方向施力，帮助其打开胸椎（图3-10）。

（八）坐立扭转类体式的调整

调整方式：用一侧腿抵住学生后背，双手扶其双肩，沿顺时针和逆时针的方向帮助学生加深扭转（图3-11）。

图3-9　　　　　　　图3-10　　　　　　　图3-11

（九）弓式的调整

调整方式：双手扶学生双肩向自己这一侧方向施力，帮助其完成后弯动作（图3-12）。也可以双手抓住学生的脚踝向上施力，让其双手和双腿集中发力从而帮助其完成后弯。

（十）眼镜蛇的调整

调整方式：手扶学生肩膀和肩胛骨位置，两手同时发力帮助学生打开胸腔和肩膀（图3-13）。

图3-12　　　　　　　图3-13

(十一) 双腿背部伸展的调整

调整方式：跪立，一手扶在学生的腰臀处，另一手扶其胸椎位置，沿脊柱向学生头顶方向施力，帮助学生延展脊柱（图3-14）。

(十二) 半舰式的调整

调整方式：跪立，将学生双脚尖抵在自己腹部，双手施力拉住其双臂向前延展，帮助学生延展脊柱并保持稳定（图3-15）。

图3-14

图3-15

第四节 特殊学生健身瑜伽课程教学流程

特殊学生健身瑜伽课程的构建是一个系统工程。要实现瑜伽健身课堂教学的高效，就必须做到课前认真备课，课中精心组织和耐心辅导，课后强化巩固和总结，同时还要关注一些教学细节。通过整个瑜伽健身教学活动，使特殊学生体能得以发展。从整个特殊学生健身瑜伽教学过程看，教学流程可分为课前、课中和课后三个部分。以下内容将按照整个教学流程的先后顺序，对各环节提出具体要求。

一、课前

(一) 学情分析

学情分析是教学设计的重要组成部分，如果没有学情分析，一切教学目标的实施都不可能真正实现。特殊学校中特殊学生是课堂的真正主体，教学活动是围绕特殊学生的主动参与学习来展开的。只有当教师充分了解特殊学生的身体情况,对学生进行学习前的各种情况分析,才能有效地利用学生的最近发展区完成各项学习活动,从而做到有的放矢。特殊学生健身瑜伽学情分析应该包括以下几个方面:

1. 学生肢体残疾程度的分析

要做到全面了解学生,首先要了解学生肢体残疾的程度。在课堂教学中,学生身体情况与获得的知识是密切相关的,课前了解学生的身体情况是确定获得知识的依据和前提,是满足学生的学习需求、实现有效的课堂教学的基础。只有对学生肢体残疾程度有了深入了解、分析,才能合理安排满足学生身体条件的各项学习活动或内容。

2. 学生现有认知能力的分析

认知能力包括观察力、记忆力、想象力和注意力。特殊学生健身瑜伽教学中,基础学习能力是指在学习过程中获取知识的能力,包括收集、处理信息的能力和体式模仿学习能力等。同一个班级内,部分学生自理能力较好,部分学生甚至不具备生活自理能力。教师应了解学生的能力状况,清楚瑜伽体式教材中哪些内容能使学生轻松学习并达到教学目的。对学生能够理解的内容,教师可少讲多练,对学生不易理解、不能分析的问题,可多费工夫来讲解并加强练习,克服有难度的体式。

3. 学生的情感分析

情感因素是瑜伽教学环节的一个重要成分。情感因素是伴随着知识经验的掌握、观念的形成及智力的成熟而发展起来的,它对外部智力的形成和创造能力的发展起着决定性作用。

4. 学生的身心特征的分析

不同的残疾类型和程度会使学生的心理各有其特点。教师应根据不同的教育对象,选择不同的教育方法。比如,自闭症儿童多表现为性情急躁、不听话、不愿让别人干涉自己,所以对待自闭症儿童既要尊重又要引导。

(二) 强化备课

备课需提前一周进行,备课教师要针对备课内容进行研读,结合教材要求和知识,对每一个体式、授课策略、讲解方法、重难点等进行详细探讨和准备。教师应对每节课进行具体的教学设计,教师如何教、学生如何学、问题如何解决、体式如何拓展、课堂时间如何分配等，都要落实在教案里。教学内容要符合学生实际，条件允许最好体现分层教学。应杜绝临上课前才备课或不备课的情况。

如条件允许可进行集体备课，成立备课小组，每周固定时间和地点进行备课。

(三) 准备器材和辅具

为了安全有效地实施瑜伽课程，在每节课前教师应提前到教室准备好所需的器材和辅具。比如，瑜伽垫、瑜伽砖、伸展带、薄毯（铺巾）等。需要播放背景音乐或冥想引导音乐时应提前准备好音频文件，调试好音响设备。

二、课中

特殊学生每节课的课堂教学时间为 35~40 分钟，其中自闭症儿童课堂教学时间为 35 分钟，其他儿童课堂教学时间为 40 分钟。特殊学生健身瑜伽课堂教学流程分为以下五个环节：

(一) 热身环节

目的：特殊学生的注意力非常欠缺，应先调整全班学生的学习状态，使学生注意力集中。

形式：做瑜伽韵律伸展、走瑜伽砖等小游戏。

时间：5 分钟左右。

注意：如果有学生不愿意配合也没有关系，暂时不要勉强，让其坐在一旁。教师继续营造有趣的瑜伽课堂氛围，配合的学生与教师一起热身，不配合的学生让其感受瑜伽课堂。老师不要对其批评，反而应多给予鼓励，经过几次瑜伽课学生会慢慢融入课堂的。

(二) 集中教学环节

目的：讲授本节课主要教学内容。

形式：讲解、示范、展示、重复、模仿。首先，可以直接参考书中的体式给学生进行讲解或间接地先让学生想象，比如该体式像什么物品、像什么动物等，使课堂变得有趣，这样学生对体式印象更深刻；其次，把动作步骤讲解清楚，最后把最终体式动作技术教授给学生。

时间：10 分钟左右。

注意：充分利用图片、多媒体、肢体语言。教师应发挥想象力把瑜伽体式变得有趣。

（三）游戏体式练习环节

目的：使不同程度的学生得到有效关注，培养学生的观察力、想象力、注意力等。

形式：通过教师与学生互动游戏、学生与学生互动游戏、模仿扮演小动物、双人及多人合作或竞争等，游戏的形式灵活多样。音乐的配合使用可以调动起学生的听觉。对于听障学生，教师应运用新媒体、新技术做好相应的课件，让学生多看多观察。

时间：较灵活，教师可自行把握，15 分钟左右为宜。

（四）自由体式练习环节

目的：鼓励和引导学生灵活应用所学内容，提供实际交流机会，是分层教学的关键。

形式：可以进行分层教学，按照学生的学习程度进行分组练习，每组委派不同任务，教师和助教分别给予指导，对错误动作进行纠正，不勉强学生将体式做到最标准，让学生尽最大努力做好即可。

时间：5 分钟左右。

注意：教师在指导时，一定要耐心，多加鼓励，言语要温和，注意保护学生。

（五）冥想环节

目的：获得内心的平和与安宁，放松身心，提升注意力，提高自我认知能力。

形式：采用仰卧放松体式，或简易坐姿，坐于垫上。教师播放冥想音乐的同时配合冥想词（听障学生没有此项），引导学生闭上双眼完全放松，让身体充满能量，滋养身体细胞，慢慢恢复体能。

时间：5 分钟左右。

注意：可以把教室的窗帘拉上，让室内光线变暗。无论采用坐姿还是仰卧均要保证姿势正确，引导学生保持安静，控制感官，均匀呼吸，注意保暖。

三、课后

课后要对本节课进行反思，教师对教育教学实践的再认识、再思考，并以此来总结经验教训，进一步提高教育教学水平。教学反思一直以来都是教师提高个人业务水平的一种有效手段。现在很多教师会从自己的教育实践中来反观得失，通过教育案例、教育故事或教育心得来提高教学反思的质量。

特殊学生健身瑜伽的教学反思，需要反思本节课导入是否成功，课堂的学习情趣如何，是否充分激发学生对健身瑜伽的学习兴趣，学生在学习的过程中是否快乐等。特殊学生健身瑜伽课的教学是交往互动的，师生双方互动启发、相互交流、相互沟通，在瑜伽教学过程中教师与学生分享彼此的思想，交流情感，共同进步。每节课后，教师应对每一位学生的瑜伽体式掌握情况并做好详细记录。

第五节 特殊学生健身瑜伽课程教学内容与学习评价

一、特殊学校健身瑜伽课程教学内容

健身瑜伽是以促进身心健康为目的，通过自身体位训练、气息和心理调节等手段，达到改善体姿、增强身体活力等目的的一种科学的身心锻炼体系。健身瑜伽体式练习有简有繁，通过配合呼吸、冥想等练习，不仅能强身，还能调心，非常适合特殊学生练习。特殊学生运用健身瑜伽科学地进行瑜伽练习，能促进身心健康，提高社会适应能力。随着社会的不断发展，特殊人群练习瑜伽正在成为一种趋势，这也被全世界特殊教育领域所认同。

各种类型、不同程度的特殊学生身体条件、接受能力都不同，根据特殊学生群体的需要，我们从健身瑜伽体系中选择了部分核心内容，构成特殊学生健身瑜伽运动的内容体系，主要包括体式练习（体位法）、呼吸练习（呼吸法）、冥想练习及休息术。

（一）健身瑜伽体式

瑜伽体式是特殊学生健身瑜伽课程的主体教学内容。本教材第二章中详细介绍了各种类型的健身瑜伽体式，包括体式的完成步骤、练习功效、注意事项等。

为了使授课教师更安全、循序渐进地选择瑜伽课教学体式，每个体式都用

"★"号注明了难度指数。教师可根据课程目标和特殊学生实际情况在众多体式中选择不同难度级别和类型的瑜伽体式作为教学内容。合理安排好健身瑜伽课程的教学内容。

（二）瑜伽呼吸法

在瑜伽练习中包含多种呼吸方法和调息方法。最基础且常用的有三种呼吸法，分别是腹式呼吸、胸式呼吸和完全式呼吸。呼吸练习不仅可以增强肺活量，还可以帮助人体在运动过程中正确调动各部位肌肉，同时对调节心理、舒缓情绪等都有辅助作用。

教师在授课时可以陆续将三种呼吸法介绍给学生，并在以后的每次课中安排呼吸调节的练习，通过不断地练习使学生熟练掌握瑜伽深而长的呼吸方法，并运用到体式练习和日常生活中。

（三）瑜伽冥想法和瑜伽休息术

瑜伽冥想和瑜伽休息术的练习内容和练习方法在本教材第一章中有详细介绍。冥想练习与瑜伽休息术在特殊学生健身瑜伽课程中主要是通过教师的引导来完成。在每次课中带着学生慢慢体会，通过不断地练习使之达到调节身心、集中注意力、稳定情绪等效果，并让部分学生逐步掌握自主冥想练习的方法。

以上教学内容教师也可结合学校实际和学生实际选择教学，遵循由浅入深、循序渐进的教学原则，采用教学单元的形式来处理学习主题内容，旨在满足不同运动能力的需求，使不同情况、不同能力的学生都能增强体能、开发潜能、弥补缺陷，实现他们了解并参与健身瑜伽运动、最终掌握健身瑜伽运动技能和方法，促进身体和心理健康发展的目的，为他们平等参与社会生活创造条件和机会。

二、特殊学生健身瑜伽课程教学内容的设计

（一）根据学习目标的要求来选择和设计教学内容

特殊学生健身瑜伽构建了本门课程的学习目标和教学原则，以及完成课程目标所必需的内容和方法，并明确了提出了呼吸法、体位法、冥想法与休息术的内容范围，教师可以根据学生的能力情况进行由易到难或选择性的学习。另外，瑜伽对学生情况和健康方面的要求比较具体，教师必须全面地学习和了解健身瑜伽的学习方法及每个体式的练习功效，理解每个体式学习的水平目标及达到水平目

标的学习要求，从学校和学生的实际出发，以学生的健康发展需要为中心，选择和设计教学目标和内容，这样才能实现健身瑜伽真正的价值。

（二）选择教学内容的基本要求

根据四大方面的学习目标和水平目标，以及健身瑜伽课程的基本理念，教学内容的选择应符合以下要求：

①符合学生身心发展、年龄和各类型特殊学生的实际情况；
②组织形式活泼，能激发学习兴趣；
③具有健身性、知识性和科学性；
④对增强体能、增进健康有较强的实效性；
⑤简单易行。

（三）确定教学内容时数比例的原则

健身瑜伽课程课时可根据学校课程设置的总体要求来确定，各学习领域内容的时数比例应由教师根据各种类型特殊学生的能力水平和健身瑜伽学习内容的难易程度进行安排，为了确保教学顺利开展和教学的有效性，教师在制订教学计划时可以根据以下原则来确定教学内容的时数比例。

1. 实践性原则

本课程是以特殊学生健身瑜伽为载体，以增进特殊学生康复与补偿、促进身心健康发展为主要目的的实践性课程，要保证绝大多数教学时间用于健身瑜伽活动实践。只有让学生经常参与并练习，才能使其瑜伽技能和身体能力得到好的发展，从而进一步提高其心理健康水平和社会适应能力。

2. 灵活性原则

应按照教学内容的性质、作用和难易程度安排教学时数，并根据学生达成学习目标的实际情况及时调整教学时数和进度。

3. 综合性原则

每一堂课的教学都应指向多种教学目标。教学中不仅要重视特殊学生健身瑜伽技能和知识的掌握及身体功能的补偿和康复，更要关注其心理发展和社会适应能力。教师要创设一些有利于学生学习和身心健康的情景，以保证特殊学生心理健康和社会适应目标的实现。

（四）教学内容的组合和搭配

健身瑜伽的教学，可采用教学单元的形式进行。特别在水平一、水平二阶段，主要是打好健身瑜伽运动技能的基础。结合各类特殊学生的学习特点，多采用单一单元进行教学，即一个单元一个教学内容，这样有利于集中时间，使学生较全面地掌握健身瑜伽运动技能。每个单元的教学时数不宜太少，小单元多内容的学习方法一般不利于运动技能的掌握和身体的发展，也不利于学生学习兴趣的提高。

三、特殊学校健身瑜伽课程总体实施方案制订

课程总体实施方案的制订是学校对一门课程做出的顶层设计，教师对课程所做的每一个教学设计都应围绕这些总体指导思想和学校的实际情况。

（一）正确认识与把握特殊学生健身瑜伽课程目标体系

特殊学生健身瑜伽应根据"立德树人""健康第一"和"学生健康发展为本"的指导思想，结合学校与各类型学生的实际情况和特殊学生健身瑜伽课程特点构建四个方面、三个层次的课程目标体系。三个层次的递进关系为：课程目标—领域方面目标—水平目标。特殊学生健身瑜伽课程以目标的达成来统领教学内容和教学方法的选择。教师可以选择多种不同的内容、采用多种不同的形式和方法以达成课程学习目标。健身瑜伽课程的目标体系包括瑜伽参与、健身瑜伽运动技能、康复及身体健康、心理健康与社会适应四个方面。这一目标体系充分体现了健身瑜伽以身体练习为主的特点和身体、心理、社会的健康发展观。实施健身瑜伽教学时，要全面关注四个学习方面的目标，特别要加强健身瑜伽中的呼吸法、体位法、冥想法与休息术等知识、技能及方法的学习，加强对学生心理健康与社会适应这两个领域目标的实践研究，以促进课程目标的全面实施。

（二）结合学校实际情况制订健身瑜伽课程教学实施方案

健身瑜伽课程对特殊学生的健身瑜伽教学内容体系做出了明确且具体的规定。但教师仍可根据各学校的条件和学生的实际情况选择与之相适应的教学内容，制订出各层次的教学方案并组织实施。

在制订教学方案时，应该注意以下几点：

①根据四个方面的学习目标制订学年教学目标。在确定学年教学目标时，既

要有瑜伽运动参与、运动技能和康复及身体健康的目标，也要有心理健康与社会适应的目标。

②根据"健康第一""学生健康发展为本"的指导思想，结合学校场地、器材的条件来确定每个学年的教学内容及各项教学内容的时数比例。

③根据年级教学目标和教学内容的安排制订年度教学计划。

④根据年度教学计划制订学期教学计划和单元教学计划。

⑤根据学期教学计划和单元教学计划制订课时计划。

四、特殊学生健身瑜伽课程学习评价

健身瑜伽课程学习评价是对学生的学习表现及达到学习目标的程度进行的判断与等级评定，是促进特殊学生达成学习目标的重要手段。一般由多元的内容、多样的方法、弹性的评价标准和综合的评价主体这四个方面构成科学的健身瑜伽学习评价体系。评价时通过多方面收集评价信息，可以准确反映学生的学习情况及目标达成情况，充分发挥评价的诊断、反馈、激励与发展功能，更有效地挖掘每一位学生的学习潜力，调动其学习积极性，促进学生更好地"学"和教师更好地"教"。

（一）学习成绩评定的指标与内容

教师可结合课程四个方面的目标和水平目标制订简便易行的评价指标和具体内容。应从以下几个方面进行考虑和考核：

①健身瑜伽知识与技能评价方面，包括对健身瑜伽的认识、基本知识的掌握、瑜伽技能的掌握程度等；

②学习过程评价方面，包括学生对待学习与练习的态度、积极参与的程度及在学习和练习中的行为表现；

③心理与社会适应能力方面，包括学生在健身瑜伽学习中的情绪、自信心和意志表现，对他人的理解与尊重、交往与合作行为等。教师应根据考核指标再结合教学实际情况和学习需求进行权重分配，参考评价指标和权重分配见表3-1。

表3-1 特殊学生健身瑜伽课程成绩评价权重表

内容	瑜伽知识、技术、技能评价	学习过程评价	心理和社会适应能力表现
权重	50%	25%	25%

(二) 学习成绩评定的标准

特殊学生健身瑜伽课程学习的评定应采用绝对性标准与相对性标准相结合的方法进行，如结合每一位学生的基础及进步情况进行评定。瑜伽知识与技能成绩的评定，可采用定量评定与定性评定相结合的方法进行。

(三) 学习成绩评定方法

根据各类特殊学生残疾程度、年龄、学段、性别和能力的特点，健身瑜伽课程学习成绩评定方法应有所差异。建议教师结合学生的学习实际确定等级评定与评语式评定结合使用。

(四) 学习成绩评定形式

尽可能采用多方面的主体参与评价。学生学习成绩评定不仅要有教师参与，同时也要重视学生的自我评价和相互评价。对于高年级学生可采用学生自我评定，可让学生对自己的健身瑜伽知识与技能、学习态度、情意表现与合作精神等进行综合评定。教师评定应依据学生的学习目标达成度、行为表现和进步情况等，还应考虑到学生自我评定与组内互相评定的情况。随着学生能力水平的提升，应更重视学生自我评定和相互评定的作用。

(五) 考核内容、评价标准、评分方法参考

1. 瑜伽知识、技术、技能评价

根据学校的统一规定，结合实际情况以便操作和执行，考核时以100分计算，最后再根据该项权重进行换算。

①评价内容：瑜伽体式展示、瑜伽体式组合的完成。
②评价标准见表3-2。

表3-2 瑜伽知识、技术、技能评价标准

评分标准	技能表现情况
90~100分	熟练掌握和正确完成瑜伽体式，并熟知其技法、功能、呼吸等。动作准确无误，幅度、流畅性和意识好，能获得正确体验
80~89分	较熟练掌握和正确完成瑜伽体式，并熟知其技法、功能、呼吸等。动作较准确，幅度、流畅性和意识较好，能获得正确体验

续表

评分标准	技能表现情况
70~79 分	基本掌握和正确完成瑜伽体式，并了解其技法、功能、呼吸等。动作基本准确，幅度和意识一般，基本获得正确体验
60~69 分	能完成瑜伽体式并知其技法、功能、呼吸等。动作欠准确，幅度和意识较一般，获得正确的体验一般
60 分以下	不能完成瑜伽体式，所完成的动作不准确，幅度和意识差，未获得正确的体验

2. 学习过程与社会适应评价

①评价内容与标准：包括学生学习过程中在专项技术、练习态度、情感、与人合作等方面的进步程度。

②评价方法：学生自我评价、学生互相评价、教师评价。

3. 课堂参与评价

①评价内容与标准：体育课堂教学的出勤与学习态度。每缺课一次扣 2 分，缺课 10 次及以上者不允许考试，成绩以 0 分计。

②评价方法：教师根据课堂考勤记录及学生学习态度打分。

第四章
听力障碍学生健身瑜伽课程教学设计

听力障碍学生是特殊学生中的一个类型，听力障碍学生健身瑜伽课程也是特殊学生健身瑜伽课程中的一个部分，它以促进身心健康为目的，强调提升意识和身体能力，通过体式训练、气息和心理调节等手段，改善身体姿态，增强身体活力、挖掘身体潜能、促进身体功能康复与补偿，实现健身养生，促进听力障碍学生身心和谐发展。其内容主要包括调身、调息、调心在内的一系列有益身心的锻炼方法。听力障碍学生健身瑜伽课程的教学内容包括呼吸练习、体式练习、冥想练习及休息术。

第一节　听力障碍学生健身瑜伽课程目标

听力障碍学生健身瑜伽以体育与健康课程目标为依据，以特殊学生健身瑜伽为基础，结合听力障碍学生教育特点，以健身瑜伽的呼吸、体式、冥想及休息术等基本内容为载体，紧紧围绕瑜伽参与、瑜伽运动技能、康复及身体健康、心理健康与社会适应四个方面设置其学习目标。并根据听力障碍学生的身心特点，划分为水平一（入门级）、水平二（基础级）、水平三（提高级）三个水平层次的水平目标。

一、听力障碍学生健身瑜伽课程总体目标

通过健身瑜伽课程的学习，听力障碍学生将掌握健身瑜伽的基础知识、基本技能和方法，发展体能，开发潜能，促进功能康复和补偿，愉悦身心，培养参与健身瑜伽运动的兴趣和爱好，体验健身瑜伽运动的乐趣与成功，并逐步养成通过健身瑜伽进行体育锻炼的好习惯。除此以外，通过健身瑜伽课程培养良好的心理

品质，提高合作与交往能力，基本形成健康的生活方式和积极进取、乐观开朗的人生态度，为融入社会打下基础。

二、听力障碍学生健身瑜伽课程四个方面学习目标

（一）健身瑜伽参与目标

健身瑜伽参与是指学生参与健身瑜伽运动学习和锻炼的态度及行为表现，是听力障碍学生习得体育知识、技能和方法，锻炼身体，提高健康水平，形成积极的健身行为与乐观开朗的人生态度的实践要求和重要途径。课程强调通过丰富多彩的内容、形式多样的方法，在入门阶段注重引导听力障碍学生体验运动乐趣，激发和培养他们的瑜伽运动兴趣和参与意识，在基础和提高阶段引导他们逐步形成体育锻炼的意识和习惯。健身瑜伽参与目的是促使听力障碍学生形成积极参与健身瑜伽运动的态度和行为，学会用科学的方法参与健身瑜伽锻炼活动。

（二）健身瑜伽技能目标

健身瑜伽技能是指学生在健身瑜伽学习和锻炼中完成瑜伽动作的能力，它反映了健身瑜伽课程是以身体练习为主要手段的基本特征，是课程学习的重要内容和实现其他方面目标的主要途径。在入门和基础阶段，要注重将瑜伽练习游戏化，发展听力障碍学生瑜伽运动所需的基本运动能力；在提高阶段，要注重项目运动技术的学习和应用，鼓励听力障碍学生进行瑜伽体式的体验，逐步提高他们的健身瑜伽学习能力和安全从事瑜伽运动的能力，加深他们对健身瑜伽的理解。无论是在入门阶段还是提高阶段，都要重视健身瑜伽运动的基础知识和相关知识的学习，这样更有利于学习理解和掌握瑜伽运动。健身瑜伽技能目标主要有：学习和应用基本的健身瑜伽运动技能；能安全地进行健身瑜伽锻炼活动；具有健身瑜伽运动基本技能。

（三）康复及身体健康目标

康复指综合、协调地应用医学、教育、运动等各种方法，使听力障碍学生已经丧失或有缺陷的运动功能尽快、尽最大可能地得到恢复或补偿，使他们在体格、运动机能和社会适应能力等方面得到提高和改善。同时，尽量挖掘他们在运动、社会适应等方面的潜能，为他们的生活、学习和工作奠定良好的基础。健身

瑜伽课程强调引导听力障碍学生努力学习和锻炼，全面发展体能，提高其适应环境变化的能力，形成关注自身健康的意识和行为。入门和基础阶段要注意引导听力障碍学生懂得健身瑜伽课对个人行为习惯的养成、身体发育和健康的积极影响，注重听力障碍学生平衡和协调能力的康复与发展；提高阶段应要求听力障碍学生了解不良行为、生活习惯及疾病等对身体健康的影响，自觉抵制各种危害健康的不良行为，逐步掌握科学锻炼的方法，提高体能水平，基本形成健康的生活方式。康复及身体健康目标主要有：掌握健身瑜伽对身体功能康复的方法，形成正确的身体姿势；体能获得发展；树立关注身体及健康的意识；懂得规避不良环境和不良行为对身体健康的影响，养成健康的行为习惯和能力。

（四）心理健康与社会适应目标

心理健康与社会适应是指个体自我感觉良好及与社会和谐相处的状态与过程，与体育学习和锻炼及身体健康均密切相关。其既是课程学习的重要内容，也是课程功能和价值的重要体现。健身瑜伽课程十分重视培养听力障碍学生的自信心、坚强的意志品质、良好的体育道德和合作精神，帮助听力障碍学生掌握调节情绪和与人交往的方法。入门和基础阶段要注意培养听力障碍学生自尊、自信，坦然面对挫折，引导他们在健身瑜伽活动中学会交往；提高阶段要注意指导他们掌握调节情绪的方法，培养自强、自立、果敢、顽强的意志品质和团队合作精神。心理健康与社会适应的目标主要有：促进心理健康发展；养成自尊、自信、自强的品质；学会通过健身瑜伽运动的方法调控情绪；形成不畏困难、勇于克服的坚强意志品质；建立和谐的人际关系，具有良好的合作精神和体育道德；具有获取瑜伽运动知识与方法的能力。

瑜伽参与、瑜伽运动技能、康复及身体健康和心理健康与社会适应四个方面是一个互相联系的整体，各个方面的学习目标主要通过健身瑜伽的练习来实现，不要割裂来进行，需要有机整合。

三、听力障碍学生健身瑜伽课程水平目标

根据听力障碍学生身心发展和认知水平能力的一般规律，将学习目标分为三个水平阶段。水平一为入门级、水平二为基础级、水平三为提高级，教学中教师可根据听力障碍学生的实际情况或学习进度进行目标调整。

(一) 水平一 (入门级)

①培养学生对瑜伽的兴趣,引导学生参与练习,并具备练习和欣赏瑜伽的基本常识。

②了解并初步掌握瑜伽呼吸法、体位法和冥想法的基础技法和知识,使学生尽快建立正确的瑜伽体验,提高瑜伽基本练习的能力,能进行和完成难度较低的体式练习。

③初步了解瑜伽的健身价值,掌握瑜伽锻炼的基本规律,提高身体的协调性和灵活性,改善或补偿身体运动能力的不足,提升心肺功能,全面提高身体活动能力。

④学生在瑜伽练习中有成功的体验,感受身心的愉悦,陶冶情操,养成积极乐观的生活态度。

(二) 水平二 (基础级)

①进一步学习瑜伽的基本体位法等内容,培养学生兴趣,鼓励学生积极参与该项运动,喜爱瑜伽,具有一定的练习和欣赏瑜伽的能力。

②进一步提高瑜伽正确练习、正确体验、正确放松的知识和方法,基本能进行和完成中等难度体式的练习。

③对瑜伽的健身价值有较高的认识,能根据自身的运动缺陷或健康需求来制订可行的瑜伽运动处方。

④能自觉地通过瑜伽练习来改善心理状态,调节情绪,并在练习中进一步体验运动的乐趣和成功的感觉。

⑤表现出良好的道德风范,能与他人友好合作、和谐相处。

(三) 水平三 (提高级)

①形成良好的瑜伽锻炼习惯,了解瑜伽组合的编排原则和方法,具有较好的瑜伽文化素养和欣赏水平。

②具有较好的瑜伽技术水平,基本能完成瑜伽中等难度体位法的练习,熟练掌握瑜伽呼吸法、冥想法和休息术的完成方法。

③全面发展瑜伽的专项素质和体能,提高自身科学锻炼的能力,增强体质、促进健康。

④通过瑜伽的学习,在运动和生活中都能表现出良好的素养和道德品质,在

一定情境中既能很好地与人合作,又能表现出良好的个性。

⑤ 具有自主学习健身瑜伽的能力,并能自觉进行瑜伽练习。

第二节 听力障碍学生健身瑜伽课程教学组织与实施设计

本节详细介绍了如何进行听力障碍学生健身瑜伽课的课程实施设计、课程教学组织方法及听力障碍学生健身瑜伽课程的场地、器材要求等。为广大特教老师在开展听力障碍学生健身瑜伽课时提供一定的思路。

一、听力障碍学生健身瑜伽课程教学组织

(一) 听力障碍学生健身瑜伽教学要求

1. 引导听力障碍学生认识健身瑜伽的锻炼价值

听力障碍学生因听觉障碍引发语言方面的障碍,使他们参与活动的领域和范围受限,从而也会导致听力障碍学生产生自卑、孤独等心理障碍,制约其身体活动能力的发挥和发展。教学中可以通过介绍健身瑜伽的价值与意义,清晰讲解瑜伽体式的动作要领、要求,并做好示范。使听力障碍学生全面了解自己的身体状况,消除心理障碍,关注自身的健康发展,克服心理负面因素,变被动学习为主动需要。同时在教学中运用多种教学手段,调动其学习瑜伽的积极性,激发对健身瑜伽的兴趣,帮助他们克服练习瑜伽运动的心理障碍。

2. 重视对听力障碍学生的补偿训练

听力障碍学生不能获得外界声音信息,缺乏正常的听觉反射过程,对某些刺激反应迟缓,严重影响了其身体活动的灵敏、协调和平衡等能力,不同程度阻碍了其运动技能的形成、发挥和发展,如上下肢不协调,平衡木稳定相对较差等。所以也可以根据学生实际情况有针对性地进行补偿性训练,改善其基本素质,提高运动能力。

3. 正确的动作示范

正确的示范动作对听力障碍学生瑜伽教学至关重要。教师准确地示范动作,直观形象地帮助听觉听力障碍学生了解所要学习的动作的形象、结构、要领和方法。正确的动作示范对激发其学习兴趣、提高参与练习的积极性都有着重要影

响，并且可以避免听障学生因动作不准确而造成运动伤害。听觉障碍学生不能边看教师示范边听教师讲解要领，因此教师在示范过程中一定要处理好示范的距离和方向，必要时还要多角度示范，要让学生能看清动作的全过程。

4. 讲解要清晰明确

对于抽象的教学内容，一定要让听力障碍学生真正理解后再进行相应的练习。教师讲解一定要清晰具体，包括练习时间、次数、快慢、顺序等，必要时配上相应的说明或醒目的信号提示。同时也可安排组织能力强的学生协助带领同学进行练习，避免在教学中将大量的时间用于组织教学，这样可以更好地保证教学顺利进行。

5. 重视多媒体辅助教学

多媒体辅助教学，不仅可以让听力障碍学生更好地了解瑜伽各类体式动作的过程和方法，也可以将教师解放出来。通过播放教学视频让学生练习，教师可以来巡回观察学生练习并进行指导，从而使教学时间得到更好的利用。

（二）听力障碍学生健身瑜伽课程组织

1. 班级教学与分组教学

健身瑜伽运动的教学可根据需要采取全班练习、分组练习等形式。分组可以相对稳定，也可根据教学需要随时调整。采用什么分组形式教学，要依据听力障碍学生的需要和教学条件而定。

2. 个别化教学

个别化教学也是健身瑜伽教学中常见的一种形式，是教师展开一对一的个人教学指导，可满足不同能力学生的个性化学习需求，使教学组织更具针对性和有效性。教师可根据学校实际情况，结合听力障碍学生学习的实际需要灵活选择。

二、听力障碍学生健身瑜伽课程的实施设计

健身瑜伽课的教学质量和效果主要体现在学生的瑜伽课参与、瑜伽运动技能、康复及身体健康、心理健康与社会适应能力等方面的提高。教师要从研究听力障碍学生的认知特点和身心发展规律及相关学习目标、教学内容、教学方法、学习评价等问题入手，并根据实际情况科学合理地设计好每节课的教学方案来保

证健身瑜伽课程的有效实施。通过不断提高每节课的教学质量来实现健身瑜伽课程的目标。在健身瑜伽课的设计中一定要做好以下安排。

（一）学习目标设计

①在目标多元的基础上有所侧重。健身瑜伽课的学习目标应充分体现知识与技能、过程与方法、情感态度与价值观三维目标的思想，强调瑜伽参与、瑜伽技能、康复及身体健康、心理健康与社会适应四个方面的目标的有机整合，充分体现健身瑜伽的多种功能和价值。健身瑜伽课堂教学在体现学习目标多元特征的同时，还应根据学生的不同发展需求有所侧重。

②教师应根据课程的目标和学生实际将课目标具体化，让目标具有可操作性，有计划、有步骤地促进学习目标的达成。学习目标是由水平目标、学年目标、学期目标、单元目标、课程目标组成的完整体系，但课程目标是落脚点，教师应根据本课程的各级目标要求和目标计划，制订好课的具体学习目标。具体学习目标一般应该包括"主体"（谁）、"条件"（在什么情境中）、"行为"（做什么和怎么做）和"标准"（做到什么程度）四个部分。

③课目标难度要适宜。教师应依据上级单元目标计划，结合听力障碍学生的认知水平、身体条件、体能、运动技能等实际，设置的难易度适合听力障碍学生的实际能力并能激发其学习动机和愿望，且经过努力能够达成的教学目标。

（二）教学内容设计

①要体现"目标引领内容"的思想。教师应根据健身瑜伽课程的目标设置计划，认真分析教材，选择和设计教学内容，提高听力障碍学生的瑜伽运动技能和体能水平，增强其身体康复与健康维护的意识，促进身心协调发展。

②要符合听力障碍学生身心发展特点。健身瑜伽教学内容的选择和设计要充分考虑听力障碍学生生活实际的需要，以及其学习基础、身体特征、体能发展敏感期和心理发展特点等，提高教学内容的针对性。

③充分考虑听力障碍学生瑜伽运动的兴趣与需求，选择难易度适当、符合其实际能力，并能激发学习兴趣的方式与内容。

④适合教学实际条件。教学内容的选择和设计要充分考虑教学所在地区场地与设施条件、季节、气候和安全等具体情况，因时、因地制宜地安排健身瑜伽教学内容。

(三) 教学方法的选择与运用

在健身瑜伽课堂教学中，教学方法要根据学习目标、教学内容、学生特点、生活实际、健身瑜伽课程资源等方面进行选择与合理运用。教师应掌握学生个体行为特征，避免安全事故的发生。教师在选择和运用教学方法时应处理好以下几个方面：

①要有利于促进听力障碍学生健身健康意识的形成，以及健身瑜伽知识与技能、过程与方法、情感态度与价值观的整体发展，充分发挥健身瑜伽对促进听力障碍学生融入社会、功能补偿、潜能开发、身心健康的重要作用。

②针对听力障碍学生的身心发展特点和实际能力水平，按照不同教学内容的规律和要求，采取有针对性和时效性的教学方法。在教学中做到因材施教，关注差异，有针对性地采用启发式的教学方法，调动听力障碍学生学习的积极性，促进其更好地发展。

③创设民主、和谐的健身瑜伽教学情境，有效运用游戏教学、情景教学、自主学习、探究学习与传授式教学等方法，引导听力障碍学生在教学活动中体验、思考、交流、学习实践，获得健身瑜伽的基础知识、基本技能和方法，培养他们应对问题、自我锻炼、交往合作等能力。不断积累健身瑜伽学习活动经验，促进其体育品德和健康能力的形成。

④采用支持教学策略，根据听力障碍学生需要，教师可借助辅具或其他支持策略，调动其参与健身瑜伽运动的积极性，提高活动参与度。

⑤在健身瑜伽教学过程中，安排一定的时间，选择简便有效的练习方法进行强化训练，巩固听力障碍学生的健身瑜伽技能，发展体能。

(四) 教学组织设计

教学规律和教学原则只有通过一定的教学组织设计才能体现出来，教学方法也只有通过一定的教学组织设计才能运用。健身瑜伽的教学组织设计涉及教学活动应怎样组织和进行，教学的时间和场地及设备等应如何有效地加以控制和利用等问题。因此，在健身瑜伽课堂教学中，对教学组织进行合理设计并予以科学、恰当地运用，才能更好地进行有效教学，实现教学目标。

1. 合理选择并灵活运用班级教学、分组教学和个别化教学组织形式

教师设计教学组织一定要根据学校场地大小和器材情况，结合听力障碍学生的人数、能力、性别及教学时间与内容的需要等，灵活选择相适应的教学组织形式，将分组教学、个别教学等形式融入班级教学中，以发挥教学形式的整体功能。如在班级教学设计中进行分组教学安排，教师可根据课程的教学目标和要求将全班学生分成若干个小组，以达到实现不同教学目标的教学组织形式。也可根据教学班中学生之间的差异采取分组教学。相对全班教学来说，这两种组织形式更加个别化，更能增加小组成员合作学习的机会。另外，也可根据需要将个别化教学组织形式贯穿于集体教学活动之中，作为班级和分组教学组织形式的补充。总之，教师应根据听力障碍学生实际情况灵活调整教学组织结构。

2. 合理安排课中教学时间

一节高效的瑜伽课教学必须注重课堂教学时间的管理规划，做好每一个教学环节的时间预设，如身心导入、情景创设、启发诱导、学生练习、放松休息等都要精心预计。教师可根据内容的难易度和学生身心特点及知识掌握能力等情况，合理分配出教师教的时间和学生学的时间。如果是新授课或动作要领较复杂时，可适当增加教师教的时间；复习课或动作技术较为简单的教学内容可适当增加学生的练习时间。

3. 做好课中场地、器材布置与设计

健身瑜伽课堂教学无论在室内还是室外，教师都要根据场地和器材情况提前做好规划和安排。在健身瑜伽教学中，场地器材的充分利用和合理布置，不仅是课堂教学安全、顺利的保障基础，还能给学生创造良好的学习环境，充分调动学生练习的积极性。所以，做好场地与器材的设计布置也至关重要。为确保健身瑜伽课的场地、器材充分利用和合理布置，设计时应特别注意做好以下方面的考虑：

①确保场地器材安全、卫生，且活动范围充足；

②每个听力障碍学生的练习要在教师的视线范围内；

③器材放置与练习位置的安排，既要考虑教材的特点，又要便于对全体学生的组织管理；

④场地、器材的布局尽可能新颖、美观，能带给听力障碍学生视觉上的新鲜感，激发学习兴趣。总之，教师对每次课的场地、器材的布置与设计都要做到整洁有序、安全合理，场地上的各种标志线要清晰美观，使学生心情愉悦，既有利于教师教学，又能方便学生练习。

三、听力障碍学生健身瑜伽课程的场地、器材要求

瑜伽是最不受场地限制的活动之一，只要有一个可容全身平躺、能放下瑜伽垫的空间即可。特殊学校开设健身瑜伽课程可以建设专门的瑜伽室，也可以利用舞蹈室、形体室等场地，在教室内配备瑜伽垫、瑜伽球等各种瑜伽器材。

①在瑜伽课程场地方面，为了提高课程的安全性，一般在室内上课为宜。但符合条件的、年龄稍大一些的听力障碍学生在开设瑜伽课时也可考虑到室外草地、操场等空旷的大自然环境中上课。在天气和自然条件良好的环境下进行瑜伽练习，伴着和煦的阳光、轻抚的微风，可以使学生更加亲近大自然，调节情绪、舒展身心。过于寒冷或炎热的天气条件或室外环境条件不佳的室外场所都不适合练习瑜伽。

②在瑜伽课程器材方面，瑜伽课程有很多辅具，比如瑜伽球、瑜伽轮、瑜伽伸展带等。教师应掌握这些辅具的使用方法，在日常教学中通过各种辅具的使用帮助听力障碍学生更好地掌握瑜伽体式。同时，各种辅具的使用还可以提升课程的趣味性，让学生更加喜欢瑜伽课程。

听力障碍学生相对于其他类型的特殊学生而言对瑜伽课程场地、器材方面的特殊要求并不多，但为了课程的安全实施，教师应注意在课前提醒学生教室中的每一种器材和设施有何安全隐患，以及使用不当时可能会发生的危险。因为听力障碍学生是不能及时听到老师对不安全行为的实时提醒的，所以教师应提前做好安全提示和说明，避免事故发生。

四、听力障碍学生健身瑜伽课程教学注意事项

（一）加强对听力障碍学生的学法指导

听力障碍学生的健身瑜伽教学过程是师生交往、共同发展的互动过程。教师一定要注重听力障碍学生的学法研究，引导他们学会学习，鼓励其勇敢尝试挑战学习中的困难。例如，有时可发挥信息技术的优势，指导学生收集健身瑜伽运动信息。还可通过布置适当形式的家庭作业，培养学生积极参与健身瑜伽运动的习惯。另外，发扬教学民主，经常听取学生的意见，让学生以适当的方式对教与学的过程和结果进行评价。这样可以启发听力障碍学生的思维，使师生在互动的过程中加深理解，促进健身瑜伽教学质量的提高。

（二）加强教法研究，提高教学质量

由于健身瑜伽运动课程涉及运动科学、生命科学和人体科学等多个学科领域，这就对从事健身瑜伽运动教学的教师提出了更高要求。如何在教学中加强对听力障碍学生心理健康和社会适应能力的关注，如何促进听力障碍学生健身瑜伽运动的兴趣形成，是教师应该特别注意研究的重点。在入门级的健身瑜伽的教学中，可根据学生自制力和理解能力、情绪状况及身心发育的特点，采用主题教学、情景教学、复式教学等方法，激发学生练习健身瑜伽运动的兴趣。在高年级可根据学生自制力和理解力的提高，采取有效的教学方法，促进听力障碍学生健身瑜伽运动习惯的形成和学习能力的提高。

（三）安排符合听力障碍学生身心发展特点和实际需求的教学内容

听力障碍学生健身瑜伽教学内容本身就是以基础瑜伽或初级瑜伽为主要学习内容的，有着自身的规律和功能性特点，其内容之间相对独立又相互作用，所以在教学内容安排时既要不破坏瑜伽本身的合理顺序，又要符合听力障碍学生的身心发展水平和能力水平，遵循由简到繁、由易到难的认知规律。同时还要注意根据学生的学习基础和个体差异有选择性或针对性地安排教学内容，尽可能满足学生能力的差异性需求，如安排难易程度不同的教学内容供不同的学生选择。

（四）注意适当使用手势词语

由于听力障碍学生不能通过正常途径获得教师讲解瑜伽动作要领的信息，因此在瑜伽教学中，手语对他们理解动作具有重要的作用。不仅如此，手语也是教师与听力障碍学生相互交流、拉近距离的最好的沟通方式。所以教师在对他们进行瑜伽教学时要注意适当运用相应的手语，如果不会手语也要尽可能地配备手语翻译陪同教学，这样可以避免教学中因师生间的沟通不畅而给教学造成的不良影响。

（五）注意手势语与直观事物或动作的配合

由于手势动作对很多词汇词义的表达不能做到完全准确，有时一个手势动作也可表示多种意思，即使直接引用也不能使学生完全理解。例如，"倒立"在《中国手语》里是这样表述的："右手伸食、中指，指尖朝下立于左手掌心。"用这一手势表达"倒立"的动作，但无法明确是手倒立、肘倒立还是头手倒立，所以有时也需要用手语和直观的图解或示范相结合，才能使学生理解。

虽然有些瑜伽体式可以不需要听觉提示，但有时很多抽象的概念、作用、意境等仅凭视觉学习是很难获得正确的反馈信息的。手语不熟练的教师在对听力障碍学生进行瑜伽教学时，对有关概念的教学可能存在问题。他们很难向这些沟通能力受到限制的学生解释清楚动作的概念、意义和目的。所以在瑜伽教学中，教师向听力障碍学生进行大量的演示是非常重要的，同时也建议听力障碍学生演示所学技巧，以提高参与度和理解力。

第三节 听力障碍学生健身瑜伽课程案例与示范套路

一、听力障碍学生健身瑜伽课程案例

（一）听力障碍学生健身瑜伽课程教学设计案例及教案示范

听力障碍学生健身瑜伽（基础课程）教学设计案例及教案见表 4-1、表 4-2。

表 4-1 听力障碍学生（基础课程）——教学设计案例

课程名称	上课班级	地点	授课时间	课程类型
健身瑜伽	三年级—听障班	瑜伽室	＊＊＊	实践课
学时	课序	班级人数	任课教师	备注
45 分钟	5/18	15 人	＊＊＊	

表 4-2 特殊教育学校健身瑜伽课教案

教学目标	◇认知目标：认识和了解所学瑜伽体式 ◇技能目标：多数学生基本掌握瑜伽腹式呼吸法，初步掌握猫伸展式、树式的技术动作 ◇情感目标：提升学生的自信心，感受瑜伽练习的乐趣，培养团结协作精神，体验成功后的喜悦			
教学内容	1. 复习瑜伽腹式呼吸 2. 学习猫伸展体式、树式	重点难点	重点：瑜伽猫伸展式完成方法 难点：猫伸展体式中脊柱逐节运动的掌握	场地器材	舞蹈室、瑜伽垫 16 块、瑜伽辅具、音响、瑜伽音乐

续表

流程	课前沟通与情景引入—关节伸展与热场暖身游戏—专注力提升、呼吸练习—体式练习（猫式、摩天式、树式）—小组展示瑜伽体式—休息式放松与冥想—课程小结				
结构	教学内容	组织要求	教师活动	学生活动	时间
导入与热身	一、课前沟通与情景引入 1. 课堂常规 2. 介绍本次课所学内容 3. 进行安全提示	1. 组织：二列横队 ●●●●●●●● ●●●●●●●● ▲ 2. 要求：快静齐，精神饱满	1. 了解学生情况，师生问好 2. 宣布本节课任务 3. 教师课程引入导语 "同学们，在大自然中有很多动物和植物。请同学们说一说你知道的动物有哪些？" "同学们说了很多，非常好。请问有没有喜欢猫的同学呢？在今天的瑜伽课中我们会学习猫伸展体式和树式。等一会儿我们将用身体模仿猫咪和大树，大家期待吗？" "在学习之前请大家先跟着老师进行热身，为接下来的练习做好准备。"	1. 值日生整队，请老师上课 2. 认真看老师的介绍，并回答老师的问题 3. 学生认真听老师提出的安全提示	2分钟
	二、关节伸展与热身游戏 1. 关节伸展	1. 组织：三列横队，体操队形，插空站好 2. 要求：整齐，有序	1. 教师带领完成关节伸展 （1）头部扭转、环绕 （2）手臂、手腕伸展 （3）侧腰伸展 （4）脚踝环绕	跟着老师完成关节活动	4分钟

续表

结构	教学内容	组织要求	教师活动	学生活动	时间
导入与热身	2. 热身游戏"爬行过小桥"	1. 组织：两人一组，每次游戏四组同时进行，看哪个小组最快。第二批开始游戏的学生站在场地旁为同学加油 2. 游戏玩法：游戏开始后学生A将双腿双脚前屈支撑在地面上，同组学生B用爬行方式从A身体下方快速通过，通过后迅速重复体前屈支撑的姿势，让A同样以爬行方式快速从身体下穿过。依次完成直到终点。最快的小组获胜	2. 教师为学生讲解游戏规则 3. 组织学生完成游戏 4. 在游戏中给予激励和鼓励	1. 在教师的指挥下完成游戏 2. 释放自我，打开心扉，欢乐玩耍 3. 要求观摩的学生，为同学加油助威	
	3. 热身游戏"'S'形绕树跑"	1. 组织：四人一组，每次游戏两组同时进行，最快的小组获胜。另外由两组学生扮演大树，形成路障 2. 游戏玩法：八名同学形成二路纵队，间隔一定距离。双腿并拢站立，双手头顶上方合十，扮演大树。形成路障	1. 教师为学生讲解游戏规则 2. 组织学生完成游戏 3. 在游戏中给予激励和鼓励 4. 完成游戏后教师简单总结，并引导学生进入下一教学环节	1. 在老师的指挥下完成游戏 2. 释放自我，打开心扉，欢乐玩耍	

续表

结构	教学内容	组织要求	教师活动	学生活动	时间
导入与热身		两组比赛的同学A从起点出发"S"形跑绕过四棵"大树"直到折返点拿起标志物再"S"形跑回，交给同学B完成"S"折返跑，以此类推。小组四人接力完成，用时短者获胜			
实践与提高	三、专注力提升与呼吸练习复习、练习瑜伽腹式呼吸法	1. 组织：全班同学围成一个大圈，以简易坐的姿势，坐在瑜伽垫上完成呼吸练习 2. 要求：有规律地将队伍排列整齐，完成呼吸练习	1. 教师引导学生将意识回收，逐渐将注意力集中到自己的呼吸上，用心聆听自己的呼吸 2. 复习瑜伽呼吸法的完成方法，引导学生慢慢体会 3. 完成方法 （1）坐姿，双手叠握，轻放在肚脐上方，帮助感受呼吸时腹部的起伏，感受气体的吸入与呼出 （2）吸气，膈肌收缩逐渐下降，腹部向前隆起，吸气越深，腹部隆起越高。感受气息充满腹部 （3）呼气，膈肌自然回升。腹部逐步向内收回，并继续向脊柱方向收缩。借助收缩腹部的力量将废气从肺部呼出	1. 在老师的指挥下进行呼吸练习 2. 意识回收，逐渐集中注意力。心里安定，心情愉悦	5分钟
	四、体式练习 1. 猫伸展式学习瑜伽体式猫伸展式	1. 组织：三列横队散开，插空坐于瑜伽垫上 2. 要求：带着呼吸练习所带来	1. 教师讲解并示范体式完成步骤 （1）金刚坐姿准备。身体前倾，双手置于肩方，指尖与肩对齐，双	在老师的指导和指挥下认真体会和完成体式	9分钟

续表

结构	教学内容	组织要求	教师活动	学生活动	时间
实践与提高	2. 树式学习瑜伽体式树式（大树式）	的稳定和专注状态来到体式练习 1. 组织：三列横队散开，插空站立于瑜伽垫上 2. 要求：队形整齐，注意力集中	膝与髋同宽 （2）吸气，脊柱逐节伸展，扩展胸腔 （3）呼气，收腹，弓背，目视肚脐 （4）保持呼吸，交替完成 2. 教学引导 "同学们，现在我们来学习瑜伽体式'小猫咪'，想象自己现在就是一只可爱的小猫，脊柱非常灵活柔软，一会儿弓起背，一会儿塌腰撅起小屁股。" 3. 组织学生练习 教师给出统一指令，让学生模仿练习，纠正动作，帮助学生体会脊柱逐节运动 1. 教师讲解并示范体式完成步骤 （1）山式站姿 （2）屈右膝，将右脚置于左大腿内侧，足跟靠近会阴，髋外展 （3）吸气，双手合掌于胸前，或伸展至头顶上方，凝视前方 （4）保持几组呼吸，然后还原 2. 教学引导 "同学们，小猫咪来到了一片森林，森林里什么最多呀？" "现在想象自己变成了一棵大树，挺拔而稳定。我们的支撑腿就像	1. 在老师的指导和指挥下认真体会和完成体式 2. 在教师指导下，学生慢慢掌握和完成瑜伽树式	9分钟

续表

结构	教学内容	组织要求	教师活动	学生活动	时间
实践与提高			树根一样扎根于地面。我们的身体就是笔直的树干。" 3. 组织学生练习 教师给出统一指令，让学生们模仿练习，纠正动作，进行保护与帮助，指导学生逐步掌握动作 降低难度方案：动力腿放低（置于膝盖或脚踝处）或动力腿不离地，直接脚尖点地完成		
	五、小组展示瑜伽体式	1. 组织：每组成一列横队（或排成一个队形）展示。其他四组成一列横队坐在瑜伽垫上观看 2. 要求：按要求展示，其他同学有序观看并给予鼓励	1. 教师组织 将全班同学分为四个小组，每个小组选择一个体式轮流展示。展示的同学面对"观众"集体完成动作 2. 教师引导 为学生分组，并引导四组学生在团队中交流，自主选择要展示的体式	1. 按照要求集体展示体式 2. 根据老师的要求，小组可进行协商和设计 3. 做"观众"时，同学完成体式后应给予掌声鼓励	5分钟
调节与评价	六、休息式放松与冥想 1. 在教师带领下完成放松 2. 跟着教师的导语进行瑜伽冥想	1. 组织：三列横队，成体操队形坐于瑜伽垫上 2. 要求：安静、投入地跟着老师完成瑜伽冥想和休息放松	1. 教师组织与引导 （1）老师手语引导 "同学们，现在让我们坐在垫子上，跟着老师做全身的放松、按摩（按一按头，搓一搓脸，捏一捏耳朵，捶一捶手臂、大腿……）。" "现在让我们盘腿坐于瑜伽垫子上，跟着老师进行冥想放松，等一下我会讲出一些场景，请大家在头脑中想象这些	1. 跟着老师的引导词完成瑜伽冥想和身体放松 2. 放松休息时可以选择简易坐，也可根据情况选择仰卧休息式	5分钟

续表

结构	教学内容	组织要求	教师活动	学生活动	时间
调节与评价	七、课程小结 1. 学生完成情况 2. 不足与建议 3. 今后努力的方向 4. 宣布下课 5. 师生相互感谢道别	1. 组织：体操队形 ●●●●●● ▲ 2. 要求：评价客观，以鼓励为主	美好的画面。" "我们现在来到一片森林，想象自己躺在一片绿草地上，软软的，绵绵的，阵阵清香扑面而来。树上的鸟儿在不停地歌唱……" "现在感觉你的身体非常放松，在头脑里想象刚刚的这些画面。慢慢地让我们闭上双眼休息一会儿，让身心放松下来。" (2) 轻柔地唤醒同学，准备课程小结 教师组织 (1) 课堂小结并评价学生本次课表现 (2) 组织学生放好器材 (3) 宣布下课，师生互道 namaste，感谢师生双方为这堂课的付出和努力	1. 学生认真听取教师讲评 2. 有序收还器材 3. 与老师互道 namaste，感谢师生双方为这堂课的付出和努力	2 分钟
	预计密度	60%~70%	预计平均心率	120~140 次/分钟	

（二）听力障碍学生健身瑜伽课程教案分析

1. 指导思想

本节课以学生认知程度及身体基本情况为依据，通过瑜伽呼吸调节、瑜伽体式练习、放松冥想等教学过程，提高学生的柔韧、力量、协调等素质，进而促进健身瑜伽体式技能的完成。在教学中通过游戏、情景教学、团体展示等方法和手段激发学生的学习兴趣，提升课程教学效果。通过瑜伽课程使学生学会互相学习，团结协作，提升自信，促进学生身心全面健康发展。

2. 教学内容

本节课的教学内容包括继续练习和感受瑜伽腹式呼吸法，以及学习瑜伽体式——猫伸展式、树式。腹式呼吸法具有增强肠蠕动、促进消化吸收、稳定情绪、促进全身血液循环的功能。掌握好瑜伽腹式呼吸不仅是练习瑜伽体式的基础，同时也有益于听障学生身心发展；猫伸展式可以增强脊柱的柔韧性，舒展身姿，调整不良体态；树式练习对发展学生的腿部力量很有帮助，同时还可以提升平衡能力，培养听障学生的专注力和稳定性。

体式练习结束后安排"小组展示瑜伽体式"的教学环节，让学生感受团队合作的力量，增强团队协作能力。同时可通过教师和同伴间的相互鼓励，提升学生自信心。

3. 学情

听力障碍学生难以或无法用语言准确表达需要沟通的信息，在理解方面存在欠缺，但他们的视觉、触觉和动觉的发展较好。听障学生由于视觉兴奋和听觉兴奋不能一起产生，所以其注意力转移能力较差，很难依靠听觉实现注意力转移。并且，听力障碍学生容易出现情绪问题，如自卑、孤独、胆怯等。

三年级听障班学生已经能够完整掌握手语运用的能力。多数学生运动能力较强，对瑜伽课程有一定的学习兴趣，通过几次瑜伽课的学习，大部分学生已经基本适应健身瑜伽课程的学习模式。但对于部分接受能力较差的学生来说，对瑜伽课还是会感到比较陌生，会出现抵触或不愿意参与的现象。因此，教师要做好充分准备，耐心引导，在教学过程中时刻关注学生的情绪及安全问题。

4. 教学流程

健身瑜伽课程教学流程一般包括课前沟通与情景引入—关节伸展与热身游戏—提升专注力及呼吸练习—体式练习（猫式、摩天式、树式）—小组展示瑜伽体式—休息式放松与冥想—课程小结。

5. 教学流程设计目的与目标

（1）课前沟通与情景引入

①培养学生养成良好行为习惯；
②激发学生学习兴趣；
③提高安全意识，学习安全训练知识。

（2）关节伸展与热身游戏

①热身游戏"爬行过小桥"

通过游戏调动学生积极性并进行热身，降低肌肉黏滞性。通过手臂和双腿支撑地面及爬行动作，使学生体会本次课将要学习的瑜伽体式的动作模式。

②热身游戏"'S'形绕树跑"

通过跑动锻炼学生心肺能力。通过双手臂上举合十的动作和扮演"大树"的情景，提升学生对即将学习的体式的感受，体会动作模式。

（3）提升专注力及呼吸练习

练习瑜伽腹式呼吸法可以让学生进一步巩固练习方法，加深体会。通过呼吸练习稳定情绪，提升专注力。

（4）体式练习

①猫式

猫伸展式练习可以增加脊柱灵活性，放松肩颈，调节不良体态，增进脊柱健康。

②树式

树式练习可以缓解肩部不适，增强脚踝与腿部肌肉力量，提高身体平衡能力。

（5）小组展示瑜伽体式

通过展示学习成果可以培养团队精神、提升团队荣誉感及自信心。

（6）休息式放松与冥想

学生们通过冥想和静坐（仰卧休息式）使身心全面放松。

（7）课程小结

学生通过讲评来了解自己的学习情况，从而培养学生良好的行为习惯和自理能力。

6. 安全提示

教师要始终具有高度的安全意识和责任心，课前检查教室排除安全隐患，准备好各种器材。教学中禁止学生推搡、打闹、追逐、奔跑，以免发生意外。教学过程中关注每一位学生的状况，针对情绪不良、不愿合作的学生要有预案。在教学的每一个环节都应给出必要的安全提示，对于难度较大的体式在授课前要准备退阶方案，时刻关注学生的安全问题。

二、听力障碍学生健身瑜伽体式组合

(一) 听力障碍学生健身瑜伽体式组合——基础套路

此套瑜伽体式组合适于听力障碍学生练习，组合难度为基础级。组合中选取的瑜伽体式有站立、跪、仰卧、俯卧、坐姿等各种形式，并涵盖了多种类型的瑜伽体式，经常练习可以提高学生肌肉力量、平衡感、灵活性、柔韧素质等。在瑜伽教学课中运用瑜伽体式组合时，教师可根据班级听力障碍学生的实际情况进行分层教学，或将体式组合中的个别体式降低难度完成，以达到更好的练习效果并保证练习的安全性（表4-3）。

表4-3 听力障碍学生健身瑜伽体式组合（基础套路）动作

1. 山立式	2. 展臂式	3. 站立前屈伸展式	4. 战士二式
5. 猫伸展式	6. 兔子式	7. 花环式	8. 蝴蝶式
9. 坐角式	10. 八体投地式	11. 人面狮身式	12. 眼镜蛇式
13. 反斜板式	14. 锁腿式	15. 仰卧扭脊式	16. 仰卧放松式

（二）听力障碍学生健身瑜伽体式组合——提高套路

此套动作是提高级瑜伽体式组合，适用于有一定练习基础的听力障碍学生。与基础套路相比，此套组合的瑜伽体式难度有所加大，对身体的柔韧性、平衡能力、力量要求较高。组织练习时要循序渐进，注意练习安全，练习过程中可运用各种瑜伽辅具及瑜伽器材进行辅助练习（表4-4）。

表4-4 听力障碍学生健身瑜伽体式组合（提高套路）动作

1. 单腿捆绑前屈式	2. 龟式	3. 侧鸽式	4. 云雀式
5. 全莲花鱼式	6. 摇摆式	7. 肩倒立式	8. 直角扭转式
9. 鸟王式	10. 侧角伸展式	11. 三角扭转式	12. 侧板式
13. 金刚坐	14. 卧英雄式	15. 仰卧放松式	

第五章
视力障碍学生健身瑜伽课程教学设计

视力障碍学生因先天能力不足,适应性行为明显低于一般人的水平。生理学研究表明:"视觉、本体感觉和前庭系统的输入信号及中枢神经系统的整合是维持人体平衡的主要因素。其中前庭感觉是掌管平衡和维持身体姿势的感受器,且在维持身体平衡中起重要作用。"瑜伽练习可以通过提高身体的柔韧性以达到控制身体平衡的目的。

第一节 视力障碍学生健身瑜伽课程目标

本节详细阐述了视力障碍学生健身瑜伽课程的课程总体目标及根据视力障碍学生的身心特点,划分为的水平一(入门级)、水平二(基础级)、水平三(提高级)三个水平层次的水平目标。

一、视力障碍学生健身瑜伽课程总体目标

通过大量的探索活动、体验活动、操作活动,培养学生参与健身瑜伽运动的兴趣和爱好,学习正确的健身瑜伽体式。促使学生掌握健身瑜伽的基础知识、基本技能和方法,促进视障学生体质健康、体型匀称、体态端正、动作矫健等,逐步使视障学生养成通过健身瑜伽进行体育锻炼的好习惯,从而提高人际交往、合作能力,以及培养良好的意志品质,学会在团队里与他人合作、对话及沟通,并通过帮助他人而获得满足感。

二、视力障碍学生健身瑜伽课程水平目标

将视障学生的学习划分为三级水平,每个水平有对应达到的教学目标,其中

包括运动参与、运动技能、身心健康和社会适应，水平一至水平三可分别对应入门级、基础级和提高级。考虑到学生在学习方面的个体差异，可根据实际学习情况选择相应水平的学习内容，也鼓励部分学生进一步拓展和提高。

（一）水平一（入门级）教学目标

①使学生初步掌握瑜伽的基本知识，熟悉瑜伽音乐，感受瑜伽，了解瑜伽。

②学习瑜伽两个基本体式，并在教师的指导下完成，提高身体柔韧性。

③学习初期感受到自己的进步，从中体验到成功的快乐，形成愉快的情绪和积极的情感。

④通过健身瑜伽学习，培养交友能力及亲近他人的能力。

（二）水平二（基础级）教学目标

①积极主动地参与健身瑜伽练习，提高对健身瑜伽运动的兴趣。

②通过健身瑜伽运动实践，改善形体，培养端庄体态，同时提高动作的协调性。

③培养积极、乐观、自信、奋发、拼搏、进取的精神。

④促进学生之间的交流与交往，树立团结合作意识，提高社会适应能力。

（三）水平三（提高级）教学目标

①通过健身瑜伽的学习，熟悉并掌握健身瑜伽基本知识与体式。

②增强学生大脑中枢神经系统的功能，提高大脑的均衡性、柔韧性和思维能力，通过身体与器械体式的巧妙运用，有效提高身体的协调性及反应能力。

③在优美的音乐氛围中学习健身瑜伽动作，抒发情感并感受到瑜伽动作的美；提高自信心和自我认识能力，减轻心理压力，宣泄释放情绪。

④通过学习健身瑜伽可以使视障学生陶冶情操，提升对自我的重视。

第二节 视力障碍学生健身瑜伽课程教学组织与实施设计

本节详细介绍了如何进行视力障碍学生健身瑜伽课课程实施设计、课程教学组织方法及视力障碍学生健身瑜伽课程的场地、器材要求等，为广大特教老师在开展视力障碍学生健身瑜伽课程时提供一些参考和思路。

一、视力障碍学生健身瑜伽课程教学组织

（一）视力障碍学生健身瑜伽教学要求

1. 注重教育团队的合作

视障导致学生缺乏对外界环境的视觉刺激，致使视障学生缺少抓握物体的动机。手和身体的运动及精细动作的发展等延迟，从而影响到他们的活动范围及活动量。并且，由于视障所产生的对周围环境的恐惧感，以及担心周围环境可能带来的身体伤害，视障学生主动或被动地减少了身体运动。

（1）肢体提示

使用肢体提示时，教师要与学生有肢体接触。以瑜伽体式动作为例，视障学生在练习下犬式动作时，教师要提供肢体帮助，使视障学生清楚地知道上肢、下肢、头部的位置。

（2）语言提示

语言提示是指通过声音、词语或指导使学生把精力集中于完成技能所需要的关键动作上。正如肢体提示和视觉提示一样，教师也要同样根据视障学生的技能水平给出或多或少的提示。

2. 了解学生的能力

（1）学生能看到什么？

询问学生"你能看到什么"而不是"你能看到多少"。教师可以向了解学生视力情况的其他人问同样的问题，包括学生的上一任教师、父母、护工和低视力专家，还可以通过阅读学生的教育档案了解更多的信息。教师在教学时应充分使用这些重要的信息。

（2）几岁开始丧失视觉经验的？什么时候开始加重？现在继续加重吗？

询问学生视觉是什么时候丧失的。明眼儿童一般在8~10岁之前能够掌握一定的技能，所以如果一个学生在8~10岁之前因为疾病而逐渐丧失视觉，那么比起一个先天全盲的儿童，其在某些特定的活动中所需准备的时间就要少。先天性盲的儿童也许需要更多不依赖于类比的细节解释，因为他们没有理解的基础。例如，一个对兔子活动没有任何视觉经验的学生，对于教师的"像兔子一样跳"

的比喻是无效的,尽管这位教师希望教给儿童如何像兔子一样跳跃。

(3) 教师如何最大限度地利用剩余视力?

要了解学生什么可以帮助他们看得最清楚。对于绝大多数类型的视觉障碍者来说,明亮的光线能增强其视力。然而在一些情况下,例如,青光眼和白化病患者,强光却是一个障碍。他们需要在柔和的光线环境中学习,以提高其视觉效果。如果在户外,这些学生可能需要佩戴有色眼镜或帽子来降低光线的影响。

(二) 视力障碍学生健身瑜伽课程组织

1. 一对一教学

为了促进技能的认知、保持与概括化,在适应性体育教学中学生们经常需要得到师生间一对一的指导。这种形式考虑到了教学中更高层次的个别化,学习者能有多种机会做出反应。在体育教学中,体育教师、经过训练的教学助手、家长或经过训练的同伴教师都可以使用一对一的教学形式。

2. 小组教学

小组教学的实施,通常包括2~10名学生及1名教师或教学助手。小组教学提供了更独立的工作模式,并有机会去教学生如何与同伴之间更恰当地互动。

3. 大组教学

这一模式是指整个班级同时在一个或多个教师、教学助手的指导下参与相同的活动。显然,在大组教学模式中对特定的学生实施监控,从而为其提供合适数量与类型的个别化支持是非常重要的。

4. 合作学习

合作学习是指班级里的小团队通过合作来完成共同的任务。这种模式特别适合以情感教育或以社会技能发展为目标的活动。

二、视力障碍学生健身瑜伽课程的实施设计

(一) 学习目标设计

教师可以根据学生的能力情况进行由易到难或选择性地学习。瑜伽对学生健康方面的要求比较具体,教师必须全面地学习和了解健身瑜伽的学习方法和每个

体式的练习功效，理解每个体式学习的水平目标及学习要求，从学校和学生的实际出发，以学生的健康发展需要为中心，来选择和设计教学目标及内容，这样才能真正实现健身瑜伽的价值。

（二）教学内容设计

根据四方面的学习目标和三方面的水平目标，以及健身瑜伽课程的基本理念，教学内容的选择要符合学生的身心发展、年龄和各类型的实际情况，可将多个单一动作设计出三种以上的难度划分。教学过程中学生在教师的指导下积极探索学习，发挥学生的学习主动性、积极性，以提高学生身体的感知力、柔韧性、平衡性。同时生成内在意识，稳定心态，达到身心的全面平衡。

（三）教学方法的选择与运用

健身瑜伽的教学，可采用启发式教学，通过示范讲解法、分解教学法、重复练习法等进行学习与练习。在教学过程中根据教学任务和学习的客观规律，从学生的实际出发，采用多种方式，以启发学生的思维为核心，调动学生的学习主动性和积极性，指导学生主动地获取知识，全面提高体育健身的创新能力。采用灵活多样的教学方式，尤其是启发式和讨论式，鼓励运用探究性的学习方法，促使学生生动活泼地学习。

（四）教学组织设计

在制订教学组织设计时，应该注意以下几点：
①根据四个方面的学习目标来制订学年教学目标。既要有瑜伽运动参与、运动技能和康复及身体健康的目标，也要有心理健康与社会适应的目标。
②结合学校场地、器材的条件来确定每个学年的教学内容及各项教学内容的时数比例。
③根据年级教学目标和教学内容的安排制订年度教学计划。
④根据年度教学计划制订学期教学计划和单元教学计划。
⑤根据学期教学计划和单元教学计划，制订课时计划。

三、视力障碍学生健身瑜伽课程的场地、器材要求

由于视障学生主要是通过听觉了解音乐，通过触觉及平衡来感知方位，在学

习健身瑜伽时需要选择相对封闭、安静空旷且有明显地面方位标志的场所。因此，设立一个瑜伽教室用于视障学生的瑜伽教学是很有必要的。体育活动中应尽可能地让学生独立运动，每次教学的开始应该做到以下要求：

①引导视障学生在瑜伽教室感知场地和器材设备，以建立其独立感和安全感。

②瑜伽教室的内墙四周最好包裹着一层保护层（可以用海绵），规格至少是2米高、10厘米厚，用于所有转角或物体（特别是有棱角的地方）。室内的地面铺设软地毯或选择环保、结实、防滑的材料。

③帮助学生辨识定位自己的标志（如在场地四周全部放上标志，而不是仅在侧面放置）。

④鼓励学生四处走动并触摸任何需要触摸的东西，在脑海中建立视觉心理地图，使他们在所属区域活动时更加自信。

⑤瑜伽教室的器材要固定放在相同的地方，且最好不要放置上课时不使用的练习器械。同时让学生在课前有足够的时间先了解区域格局。

⑥如需要更衣，更衣室的衣柜应该设在便于使用的地方，要提供配备开锁钥匙或解锁按键数字的门柜，两者不宜混合使用。

四、视力障碍学生健身瑜伽课程教学注意事项

视障学生教学必须基于以下三个方面的理念，即了解学生的能力、培养学生的独立性、选择调整教学策略。有视觉限制的学生在学习新的技能时，往往需要一些身体上的支持帮助。因此询问学生是否喜欢某种教学方法是非常重要的。例如，健身瑜伽是通过触觉模仿进行身体引导，而有的学生根本就不喜欢被触摸。在这种情况下，对他们来说最好的方法就是做详细的解释。那么，上课中教师应注意口语的解释有以下几种：

①用简明的词语告知学生要做什么，及时讲解动作要领，使学生知道每个人正在做什么，也可以指定一个学生当讲解员。

②如果学生第一次无法理解，那么再换一种方式重复一遍。模仿是困难的，要通过动作实际指导视障学生或给他触觉模型，而不是仅仅进行展示。如果学生在某种条件下可以看见，那么可以进行演示以加深理解。

③用精确、清晰的描述给予反馈，因为视障学生常常不知道他做得如何。告诉学生他做的不同程度的动作幅度，感知身体的不同变化。精确的语言对所有学

生都有作用，不管其是否有视觉障碍。

④强调体验。健身瑜伽不是健身教育，其目的不是让视障学生学习健身，而是要让学生参与、体验瑜伽，用瑜伽来影响学生的身心。

⑤循序渐进。健身瑜伽要根据视障学生的心理特点，循序渐进地进行练习。选择练习动作一般是从轻度动作开始，逐渐过渡到中度动作，使学生能逐渐适应。

第三节 视力障碍学生健身瑜伽课程案例与示范套路

一、视力障碍学生健身瑜伽课程案例

（一）视力障碍学生健身瑜伽课程教学设计案例与教案示范

视力障碍学生（提高课程）——教学设计案例及教案见表5-1、表5-2。

表5-1 视力障碍学生（提高课程）——教学设计案例

课程名称	上课班级	地点	授课时间	课程类型
健身瑜伽	五年级—视障班	瑜伽室	＊＊＊	实践课
学时	课序	班级人数	任课教师	备注
40分钟	10/18	6人	＊＊＊	

表5-2 特殊教育学校健身瑜伽课教案

教学目标	◇认知目标：通过健身瑜伽教学，让学生了解认识斜板、桥式体式 ◇技能目标：掌握所学的瑜伽体式，提高机体的整体力量，缓解背部不适 ◇情感目标：培养学生勇于克服困难的精神			
教学内容	学习瑜伽体式： 1. 斜板式（滑梯） 2. 桥式（小桥）	重点难点	场地器材	瑜伽室、瑜伽垫10块、播放机、瑜伽音乐、滑梯玩具、小桥模型
		重点：斜板式和桥式的完成方法		
		难点：斜板式身体呈一直线		
流程	课前沟通与情景导入—关节伸展与热身—体式练习（斜板式、桥式）—放松与冥想—课程小结			

续表

结构	教学内容	组织要求	教师活动	学生活动	时间
导入与热身	一、情景导入 1. 课堂常规 2. 介绍本次课所学内容 3. 进行安全提示	1. 组织：一列横队 ●●●●● ▲ 2. 要求：快静齐，精神饱满	1. 了解学生情况，师生问好 2. 宣布本节课任务 3. 教师课程引入导语"同学们，今天我们来到了瑜伽教室，你们走一走摸摸看这里都有什么？想知道今天我们要做什么活动吗？" "通过健身瑜伽可以发展协调性、柔韧性，还能促进同学之间友谊的升温。现在我们先热热身，请大家按一列横队的队形站好。"	1. 整队，教师上课 2. 认真听教师的介绍，并回答教师的问题 3. 学生认真听教师提出的安全提示	2分钟
	二、关节伸展与热身	1. 组织：一列横队，体操队形，插空站好。 2. 要求：整齐，有序。	教师带领完成关节伸展 （1）头部扭转、环绕 （2）手臂、手腕伸展 （3）侧腰伸展 （4）脚踝环绕	跟着教师完成热身活动	5分钟
实践与提高	三、体式练习	1. 组织：学生成一横排在自己的瑜伽垫上准备 2. 要求：认真听教师讲解、示范	教师导语引入"我们一起摸一下这是什么玩具模型？同学们发现滑梯有什么特点吗？" "现在感受一下小桥的模型是什么样的？同学们都知道哪些桥呢？"	1. 让学生轮流摸滑梯模型并回答老师问题 2. 让学生轮流摸小桥模型并回答老师问题	10分钟

续表

结构	教学内容	组织要求	教师活动	学生活动	时间
实践与提高	斜板（滑梯）体式导入 （1）斜板体式练习	1. 组织：学生俯卧在瑜伽垫上 2. 要求：安静、集中注意力。头部与身体呈一线，手臂与地面垂直。肘窝相对，后背平直	1. 教师讲解并示范斜板式完成步骤 （1）金刚坐姿 （2）身体前倾，双手置于肩下方，双臂、大腿垂直于地面 （3）双腿依次向后伸直，脚趾点地，身体呈一线 （4）保持几组呼吸，然后还原 2. 教学引导 "同学们，我们想象一下刚才摸着滑梯玩具的模型是什么样的？" 3. 组织学生练习 教师给出统一指令，让学生们模仿练习，纠正动作，帮助学生体会背部的拉伸	在教师的指导和指挥下认真体会和完成体式	
	（2）桥式练习体式	1. 组织：学生仰卧在瑜伽垫上 2. 要求：集中注意力，手抓脚踝，双膝与髋同宽，膝盖、脚趾指向正前方，小腿垂直于地面，下颚内收至胸骨 3. 体会腹部肌肉的伸展，缓解背部不适	1. 教师讲解并示范体式完成步骤 （1）仰卧 （2）屈双膝，双脚分开与髋同宽，脚跟抵住臀部，手臂伸直双手尽量抓住脚踝 （3）抬起臀部、背部，上提胸腔并微收下颚 （4）保持几组呼吸，然后还原 2. 教学引导 "同学们，我们想象一下刚刚摸的小桥模型是什么样子的？"	1. 在教师的指导和指挥下认真体会和完成体式 2. 在教师指导下，学生慢慢掌握和完成体式	10分钟

续表

结构	教学内容	组织要求	教师活动	学生活动	时间
实践与提高			3. 组织学生练习 教师给出统一指令，让学生模仿练习，纠正动作，进行保护与帮助，指导学生逐步掌握动作		
调节与评价	四、放松与冥想 1. 在教师带领下完成放松 2. 跟着教师的导语进行瑜伽冥想	1. 组织：平躺在瑜伽垫上 2. 要求：安静，跟着教师完成瑜伽冥想和休息放松	教师组织与引导 （1）"同学们，现在躺在垫子上，跟着老师做全身的放松、按摩（按一按头；搓一搓脸；揉一揉耳朵；捶一捶手臂、大腿……）" （2）老师语言引导蓝图冥想："我们现在来到一片草地，想象自己躺在软软的草地上，一阵阵风扑面而来。闻到了各种花香，小鸟的叫声在耳边响起。远处还有很多小朋友在尽情地嬉戏玩耍着。" "现在感觉你的身体非常放松，在头脑里想象刚刚的这些画面。让我们慢慢闭上双眼休息一会儿，让身心放松下来。" （3）轻柔地唤醒同学，准备课程小结	1. 跟着老师的引导词完成瑜伽冥想和身体放松 2. 放松休息时可以简易坐，也可根据情况选择仰卧休息式	5分钟
	五、课程小结 1. 学生完成情况 2. 不足与建议	1. 组织：体操队形 ●●●●● ▲ 2. 要求：评价客观，以鼓励为主	教师组织 （1）课堂小结并评价学生本次课表现。 （2）组织学生放好器材 （3）宣布下课，师生互道 namaste，感谢师	1. 学生认真听取教师讲评 2. 有序收还器材 3. 与老师互道 namaste，感谢师	5分钟

续表

结构	教学内容	组织要求	教师活动	学生活动	时间
调节与评价	3. 今后努力方向 4. 宣布下课 5. 师生相互感谢、道别		生双方为这堂课的付出和努力	生双方为这堂课的付出和努力	
	预计密度	60%~70%	预计平均心率	120~140次/分钟	

（二）视力障碍学生健身瑜伽课程教案分析

1. 指导思想

本节课采用小组教学组织形式，在运动技能技巧、柔韧训练的同时，使学生培养与他人合作、不怕困难、勇敢顽强的精神。因为视力可以提高平衡能力，能让人们看到一个参照点，帮助身体姿势稳定。所以对于视障学生来说，身体形态和平衡能力可能发育得比较迟缓。而健身瑜伽对于身体姿势和平衡的发展有着重要的意义。本节课以激发学生主动参与、积极探索为目标，发挥学生的主体意识，实现学生多方面能力综合发展，促进学生道德水平的提高。

2. 教学内容

本节课的教学内容为健身瑜伽的两个体式：① 斜板式；②桥式。通过调整呼吸、伸展、拉伸等方式，使学生掌握两个体式的基本技能，提高柔韧、协调、耐力等身体素质。

3. 学情

本次授课对象是小学五年级视障学生，平均年龄为12岁，共6人，分为A、B、C三类程度。A类学生性格热情、开朗，与人的交往意识较强；B类学生是在他人主动与其交流互动时才做出回应；C类学生孤僻的心理现象较明显，与他人没有互动。

视障学生在视力方面存在不同程度的障碍，分别是全盲或有残余视力，其运动能力与健全学生的水平基本一致，但在社会交往和与人合作能力方面较弱，在意志品质方面也需要教师不断地鼓励来提高学生自信心。

针对本节课的教学内容、学生的视力、运动能力及道德水平发展情况，将学生分成A、B两层。

A层：学生有残余视力能力，能够通过教师的示范及触摸知道要做的动作，并按要求完成。在瑜伽课中能积极主动与他人合作，克服困难，共同完成练习内容。

B层：学生属于全盲，只能在教师身体指导的帮助下完成指定动作。在瑜伽课中能在教师的引导下与他人合作完成练习内容。

4. 教学流程

教学流程分为情景导入—关节伸展与热身—体式练习（斜板式、桥式）—分组展示瑜伽体式—放松与冥想—课程小结。

5. 各教学流程教学内容设计目的与目标

（1）情景导入

通过教学环境、用具让学生了解本节课的教学内容，激发学生参与的热情与兴趣。

（2）关节伸展与热身

通过热身让学生的身体活跃起来，在热身过程中教师渗透有关瑜伽体式的要领，营造良好的学习氛围。

（3）体式练习

①斜板式

斜板式是一个支撑类的瑜伽体式，练习斜板式可以激活核心肌群肌力，提升机体的整体力量。通过观察法、示范讲解法，启发学生理解领悟斜板式的动作要领，初步树立克服困难的精神。

②桥式

练习桥式可以伸展腹部肌肉，缓解背部不适。在学生掌握体式动作的基础上，也可进行分组活动。

（4）分组展示瑜伽体式

通过师生对话，凸显学生的总结能力，使学生加深动作印象，巩固体式要领。教师引导学生树立集体意识和团队合作精神，提升学生人际交往素质。

（5）放松与冥想

播放音乐，使学生通过冥想和仰卧休息获得全面的身心放松。

（6）课程小结

通过瑜伽练习，使学生体会到合作的乐趣，以及提升学生的自信心。

6. 安全提示

由于视力障碍学生的特殊性，在瑜伽教学课中教师要始终具有高度的安全意识和责任心。课前检查教室，排除安全隐患，准备好各种器材，并将器材合理摆放。课程中关注每一位学生的情况，尤其是对视力完全缺失的学生需要格外关注。针对情绪不良、不愿合作的学生要有预案。在教学的每一个环节都要给出必要的安全提示。

二、视力障碍学生健身瑜伽体式组合

(一) 视力障碍学生健身瑜伽体式组合——基础套路

此瑜伽体式组合适于视力障碍基础级学生练习。体式组合包含了坐姿、站姿、仰卧、俯卧、跪姿等不同空间的体式，同时涵盖了瑜伽体式的不同练习类型，如前屈、后展、侧弯、扭转等。经常练习可以均衡地锻炼身体各部位，使视力障碍学生感受身体在坐姿、站姿等不同空间位置中的分布，也使肌肉力量、关节柔韧度、平衡能力等得到一定程度的锻炼（表5-3）。

表5-3 视力障碍学生健身瑜伽体式组合（基础套路）动作

1. 山立式	2. 展臂式	3. 风吹树式	4. 幻椅式
5. 战士一式	6. 骑马式	7. 双腿背部伸展式	8. 锁腿式

（二）视力障碍学生健身瑜伽体式组合——提高套路

此套瑜伽体式组合适用于视力障碍提高级的学生，在基础套路的基础上，体式的难度有所增加。经常练习可以帮助视力障碍学生准确感知身体的位置，在肌肉力量、柔韧性、平衡能力等身体素质逐步提升的基础上进一步开发身体潜能。练习过程中应注意场地布置及辅助器材摆放，在必要时辅助学生完成或做好保护与帮助，做到安全训练（表5-4）。

表 5-4　视力障碍学生健身瑜伽体式组合（提高套路）动作

1. 金刚坐	2. 顶峰式	3. 斜板式	4. 新月式
5. 神猴式	6. 增延脊柱伸展式	7. 站立前屈伸展式	8. 上犬式
9. 弓式	10. 蝗虫式	11. 扭脊式	12. 半舰式
13. 鱼式	14. 桥式	15. 肩倒立式	16. 仰卧休息式

第六章
智力障碍学生健身瑜伽课程教学设计

健身瑜伽有助于促进智力障碍学生的身心健康发展，提高其社会交往能力。同时能很好地改善学生在身体协调性、平衡性和情绪控制等方面的缺失。因此科学合理地设计健身瑜伽课有助于提高智力障碍学生的练习效果。

第一节 智力障碍学生健身瑜伽课程目标

制订适合智力障碍学生身心发展的、符合科学规律的健身瑜伽学习目标，是保证课堂教学质量的基础。教学目标指出了教学的主攻方向，规定了教学内容、重点难点、学习层次水平，影响着教学策略的选择及教学的深度和广度。它是教学活动的灵魂，制约着教学活动的全过程。

一、智力障碍学生健身瑜伽课程总体目标

智力障碍学生健身瑜伽的总体目标将从知识、能力、情感三个方面提出要求：

①通过学习了解什么是瑜伽，对瑜伽的概念和内涵有初步认识。

②通过练习能够准确无误地完成部分瑜伽体式。

③纠正智力障碍学生一些常有的不良身体姿势和体态，提高学生的柔韧性、协调性和平衡能力。

④通过健身瑜伽的练习，提高智力障碍学生的专注力，增强记忆力，促进思维活跃。

⑤在一系列丰富的课堂活动中，培养和提高学生的社交能力、表达能力及规则意识。

二、智力障碍学生健身瑜伽课程水平目标

由于智力障碍学生的个别化差异明显，所以因材施教是我们要遵循的一项重要教学原则。将班级学生分为三个水平（入门、基础、提高）授课，使教学更具有针对性，同时也有利于教学目标的达成。分级目标中涵盖运动参与、运动技能、身心健康和社会适应四个方面的要求。通过健身瑜伽练习能激发和延伸瑜伽以外的能力。

（一）水平一（入门级）

①通过教师引导，使学生能够融入健身瑜伽课，遵守课堂秩序。
②能够在教师的指导下，参与瑜伽体式的练习，并记住体式名称。
③能够感受瑜伽音乐的舒缓情绪，在课堂上保持心态平和。
④通过教师指导和课堂活动，使学生愿意与他人配合并尝试表达自己。

（二）水平二（基础级）

①对瑜伽的基础知识有初步了解，愿意主动参与到课堂学习中，培养对瑜伽学习的初步兴趣。
②能够熟知学习过的瑜伽体式名称，并在教师带领下完成体式的练习，初步改善其身体姿势和体态。
③主动地调整自己的情绪，以平和稳定的心态开展学习并喜欢上瑜伽练习。
④通过更多的分组和互动练习，使学生愿意与他人合作并能够积极主动展开交流，培养良好的人际关系。

（三）水平三（提高级）

①积极地参与到瑜伽课堂的学习中，在课后愿意主动完成教师布置的作业。
②能够准确无误地说出所学习过的瑜伽体式名称，并在教师的语言提示下可以独立完成体式的练习。在身体的柔韧性、协调性和平衡性上有所提高。
③瑜伽课堂上感受到瑜伽动作的优美，对自己有一定自信，克服自己的畏难情绪。
④主动和同学交流瑜伽学习的点滴体会，在分组展示的环节能够对同学的动作做简单点评。

第二节　智力障碍学生健身瑜伽课程教学组织与实施设计

本节详细介绍了如何进行智力障碍学生健身瑜伽课的课程实施设计、课程教学组织方法及智力障碍学生健身瑜伽课的场地、器材要求等。为广大特教老师在开展智力障碍学生健身瑜伽课程时提供一些参考和思路。

一、智力障碍学生健身瑜伽课程教学组织要求

（一）智力障碍学生健身瑜伽教学要求

1. 从了解学生开始

教师不仅要了解学生对瑜伽基础知识和技能的掌握程度，还要了解学生的理解能力和接受水平，对不同类别和特性的学生采取不同方式的学习指导。教师要力求通过教学使学生的学习效果达到最佳程度，对个别差异学生要使用特殊方法进行有效帮助。同时，还要全面掌握学生的生理状态和心理情绪。要达到以上目标可通过课堂教学和一对一指导的方式来实现。与此同时，也要求教师尽可能多地与班主任及家长沟通，从不同角度全面了解学生。

2. 课堂秩序的维持

智力障碍学生的注意力不易集中，容易被外界事物所影响。因此，在教学过程中，教师要尽量排除外界的干扰。课堂活动应该丰富多彩，教学内容的难易程度应该事先做好评估，采取一切有力措施引导学生进入学习状态。

3. 学生情绪与行为问题的解决

畏难、执拗等情绪是普遍存在于智力障碍学生中的一个突出问题。当课堂中出现难度有所提高的内容时，学生容易表现出不愿尝试、不肯配合、顾左右而言他等行为。这时教师要更加耐心地开导和灵活变通来引导学生。对于同时患有多动症的智力障碍学生而言，在课堂上表现出过度活跃、亢奋甚至是影响到教学时，教师可请该同学暂时停止练习，待其恢复平静状态后，再继续学习。总之，在健身瑜伽教学过程中，教师要尽可能地排除学生的负面情绪和行为，让学生在轻松愉悦的氛围下练习。

(二) 智力障碍学生健身瑜伽课程组织

教学的形式、环节和手段是多种多样的,教师应该根据学生的学习特点和教学的目标要求来灵活选择并加以运用。

1. 多样的教学形式

(1) 集体授课

这是最常用的教学形式,是指教师面向全体学生进行教学内容的开展。教师在教学过程中通过身体示范、语言提示、动作讲解、带领练习等方法进行授课。

(2) 分组教学

可以将学生按照学习能力进行分组,每个组别提出相应的问题和要求,让学生们在规定时间内进行沟通交流,促使学生共同完成一个目标。教师可以在不同组别间巡回指导,帮助学生完成学习内容,并进行分组展示。

(3) 个别化教学

针对学习能力存在明显差异的学生,可以展开个别化的教学活动,使其更好地融入课堂,参与到学习中来。教师可提出更有针对性的学习要求,并进行一对一指导。

2. 丰富的教学环节

(1) 情境导入激发学生学习兴趣

导入是课堂中的重要环节,精彩的导入能够快速抓住学生的兴趣,有助于提高课堂教学效率。教师可以结合授课的主题选取一种或多种适合的导入方式,包括直接、直观、故事、问题、情景、温故、悬念和活动游戏导入等。

(2) 教学过程中充分调动学生积极性

结合智力障碍学生注意力不集中、认知能力较弱的客观事实,教师应该在教学过程中采取积极有效的教学手段,充分调动学生的学习热情。将游戏融入课堂当中是一个非常好的方法,除此之外,分组竞赛也能够激发学生的兴趣。教师还要通过动作提示、视觉提示和听觉提示等多感官的刺激,使课堂保持在轻松活跃的学习氛围中。

二、智力障碍学生健身瑜伽课程的实施设计

智力障碍学生的健身瑜伽课程设计是为了达到预期的教学目标，遵循教学过程的基本规律，运用系统观点和方法分析解决教学问题，以优化教学效果为目的，对教学活动进行系统规划的工程。即教师为了达成一定的教学目标，对教学活动进行的系统规划、安排与决策。因此，教学设计首要关注的是智力障碍学生需要学什么、为什么学、怎么样去学，所以要求教学设计者站在学生的立场上提出、分析和解决问题，运用适当的策略使教学成为更具有吸引力的活动，使学习内容能够清晰地呈现给学生，形成一个卓有成效的教学过程，从而达到最佳教学效果。

(一) 学习目标设计

①根据智力障碍学生的身心特点，充分考虑到班级学生的个别化差异，分析研究学生的需要和存在的问题是健身瑜伽教学设计的起点，也是决定课堂教学设计能否成功的基本提前。

②智力障碍学生的瑜伽教学目标应该从四个方面提出，即参与目标、技能目标、康复及身体健康目标和心理健康与社会适应目标。可以理解为如何让学生积极主动地走进课堂，通过瑜伽学习和锻炼掌握一定的身体能力，从而达到促进身体健康和康复的目的，并将此学科所学的知识延伸泛化到日常生活中来，使智力障碍学生的生活质量有所提高。

③当教师提出教学目标时，应该注意将目标具体化，并使用简明扼要的语言进行描述。

(二) 教学内容设计

①教师对瑜伽教学内容的分析不仅是对教材既定的学习内容的动作要点、重难点进行分析，更重要的是教师必须根据学生的实际情况及学习经验对学习内容进行建构，设计出更具有生活意义和生命价值的学习主题。

②根据智力障碍学生的生活经历、学习经验、认知能力恰当地确立学习起点，确定学习内容的分配与深度，从学生瑜伽知识学习的需要、健身的需要、终身锻炼的需要出发，做到简易性、知识性、实效性和健身性的结合。

(三) 教学方法的选择与运用

在健身瑜伽教学的过程中要遵循"教为主导、学为主体、练为主线、能为核心"的指导思想。因此，在教学方法的选择与运用上，既要与教学目标、教学内容相适应，又要与智力障碍学生的具体情况相适应，这样才能符合教学规律，适应学生知识层次、年龄特征、心理因素及智力水平。

(四) 教学组织设计

集体教学是最常见的一种瑜伽授课形式，其教学特点是教学采用统一内容和方法教授全体学生。按技术能力分组教学是根据学生对某一技术掌握的程度进行分组。这种分组教学的组织形式是从学生掌握体式的情况考虑，加以区别对待，具有灵活性、针对性和实效性的特点。个别教学的优点是可以根据每个人的能力和特点进行不同教学指导，发挥个人最大潜能，较适用于教师纠正个别同学在体式掌握上存在的个性错误。教师应该根据教学目标和内容采用最为适当的教学组织形式，从而提高瑜伽教学的实效性。

三、智力障碍学生健身瑜伽课程教学注意事项

(一) 充分了解学生身心状况

智力障碍学生的个体差异非常大，体现在生理和心理两大方面。在心理方面，智力障碍学生中很大一部分学生同时患有心脏病、癫痫等不适合剧烈运动的特殊疾病，还有一部分学生可能存在其他残疾状况如听力障碍、多动症等，被称为多重残疾。在心理方面，智力障碍学生普遍存在畏难、不自信等问题。因此教师在授课前，首先要了解学生的身心状况。在健身瑜伽的学习过程中，针对这些身心状况有相应的注意事项和禁忌。

(二) 安全练习

瑜伽是一项不带任何竞争性的活动，每个学生的身体状况都不一样，因此教师要灌输给学生量力而行的原则。练习过程中一定不要超出自身极限，不要刻意追求"标准"，尽力而为即可。保持均匀的呼吸并舒缓地练习也十分重要，不可骤然用力。如果在保持某一体式时，感到体力不支或发生痉挛，应立即停止并按摩。在瑜伽练习结束前，应练习可舒缓局部紧张疲劳、放松特定部位的反体式，

以保证练习的安全性，避免意外伤害。

第三节 智力障碍学生健身瑜伽课程案例与示范套路

一、智力障碍学生健身瑜伽课程案例

(一) 智力障碍学生健身瑜伽课程教学设计案例及教案示范

智力障碍（重度）学生健身瑜伽教学设计案例及教案见表6-1、表6-2。

表6-1 智力障碍（重度）学生——教学设计案例

课程名称	上课班级	地点	授课时间	课程类型
健身瑜伽	三年级—智障班	瑜伽室	＊＊＊	实践课
学时	课序	班级人数	任课教师	备注
40分钟	3/18	15人	＊＊＊	＊＊＊

表6-2 特殊教育学校健身瑜伽课教案

教学目标	◇认知目标：初步认识和了解双腿背部伸展式和仰卧扭脊式瑜伽体式 ◇技能目标：体验瑜伽腹式呼吸法，初步掌握双腿背部伸展和仰卧扭脊的技术动作 ◇情感目标：通过瑜伽练习，强化肌肉、解放肢体与精神，提高学生活力			
教学内容	体验瑜伽腹式呼吸、学习双腿背部伸展式和仰卧扭脊式	重点难点	重点：双腿背部伸展式和仰卧扭脊式的完成方法 难点：双腿背部伸展式要让背部充分伸展，双腿伸直	场地器材	瑜伽室、瑜伽垫、瑜伽砖、瑜伽音乐
流程	热身游戏—情景引入—呼吸练习—体式练习（双腿背部伸展式、仰卧扭脊式）—进行分组体式游戏比赛—放松与冥想—课程小结				
结构	教学内容	组织要求	教师活动	学生活动	时间

导入与热身	一、热身游戏 1. 走"独木桥"	1. 组织：一列横队 ●●●●●● ●●● 教师课前把瑜伽砖排成直线（根据教室情况来定），组织学生排成一列横队，学生站在瑜伽砖的起点处准备游戏。其他同学在一旁加油。 2. 要求：快速、整齐 3. 游戏规则：游戏开始，一位同学双脚站在瑜伽砖起点，以最快的速度走到终点。脚不能触碰地面	1. 教师讲解"独木桥"游戏规则 2. 组织学生完成"独木桥"游戏 3. 在游戏中给予激励和鼓励	1. 在教师的带领下完成游戏 2. 遵守"独木桥"热身游戏规则，进行游戏 3. 学生注意安全，需要辅助可以向教师提出	5分钟
	2."小熊"过山洞	1. 组织：一列横队 ●●●●●● ●●● 教师扮演山洞、学生扮演小熊 2. 要求：学生轮流爬进山洞，动作要协调，要快速 3. 游戏规则：教师做出顶峰式体式扮演山洞，学生手撑地膝盖	1. 教师讲解"小熊过山洞"游戏规则 2. 组织学生完成"小熊过山洞"游戏 3. 在游戏中给予激励和鼓励	1. 在教师的带领下完成游戏 2. 遵守"小熊过山洞"热身游戏规则，进行游戏 3. 学生注意安全，开心游戏	

续表

结构	教学内容	组织要求	教师活动	学生活动	时间
导入与热身	二、情景导入 1. 课堂常规 2. 集中注意力	跪地爬过山洞 1. 组织：安排学生坐在垫子上，如下图： 2. 教师唱歌，集中学生注意力	1. 教师坐中下方垫子上 2. 教师可以自编歌曲，例如唱："小眼睛，在哪里？"双手可以做成眼镜的形状放在眼睛处。（唱三遍，使学生集中注意力）	1. 学生简易坐姿坐在垫子上 2. 学生根据教师自编儿歌，回答唱："在这里。"学生模仿教师的手，双手做成眼睛的形状放在眼睛处	
实践与提高	三、呼吸练习 学习腹式呼吸法	1. 组织：学生以简易坐的姿势坐在垫子上，学习腹式呼吸 2. 要求：按照老师的口令进行腹式呼吸练习	1. 教师讲解腹式呼吸完成方法 2. 教师可以把肚皮比喻成气球，气球一会儿变大，一会儿变小 （1）简易坐姿，双手掌心朝下，放在膝盖处，腰背立直，肩膀向后展开，脊柱向上延伸，眼睛注视前方（或者闭上） （2）吸气，肚子就像气球，鼓起来，让学生进行模仿 （3）呼气，肚子像漏气的气球，缩回去，让学生进行模仿	1. 在教师的指挥下进行呼吸练习 2. 学生清楚认识腹式呼吸法：鼻子吸气，肚子鼓起来；鼻子呼气，肚子缩回去。（反复练习）	5分钟
	四、体式练习 1. 双腿背部伸展式	1. 组织：学生双腿向前伸直，坐在垫子上 2. 要求：带着腹式呼吸练习进入双腿背部伸展式学习	1. 教师讲解并示范体式完成步骤 （1）坐式，双腿伸直 （2）吸气，双臂上举，脊椎向上延伸 （3）呼气，身体向下，腹部贴靠大腿，前额触碰小腿，手指触摸小腿或者大脚趾	1. 通过游戏的形式，学生配合教师完成体式。有困难的学生可以循序渐进，慢慢来 2. 进行趣味游戏，掌握双腿背部伸展瑜伽	25分钟

续表

结构	教学内容	组织要求	教师活动	学生活动	时间
实践与提高			（4）吸气，伸直手臂抬起身体 （5）呼气，手放下，重复体式 2. 教学引导 播放一段轻松愉快的音乐。 "好啦，我们现在尝试做双腿背部伸展式。伸直双腿，坐直身体。吸气，屏住呼吸，收紧下巴。用双手握住两个大脚趾。低头，手臂向前伸直，边吸气边把身体压低，让肚子贴到大腿上。压低身体，让头部也贴到大腿上。大腿是不是疼了？就算有点疼，也一定要伸直膝盖哦。" "现在边吸气边起身，再试一次好吗？身体向前倾，用手指抓住大脚趾。抓住大脚趾，然后将头压得更低，额头要贴在腿上。大腿好像被拉住了，有些痛，但是我们再坚持一下吧。1、2、3、4、5……是不是能坚持得越来越久啦。做得真好！再来一次吧。" 重复以上体式3~4次	体式 3. 拉伸大腿后侧腘绳肌，打开腿部柔韧性	
	2. 仰卧扭脊式	1. 组织：仰卧呈一条直线 2. 要求：保持自然顺畅的呼吸，一般5秒左右，为仰卧扭脊式作准备	1. 教师讲解并示范体式 体式步骤 （1）仰卧在垫子上，双腿并拢，双臂展开两侧与肩同高，掌心向下置于地面 （2）屈右膝，右脚置于	1. 通过游戏的形式，学生配合教师完成体式。有困难的学生可以循序渐进完成，不追求标准动作	

续表

结构	教学内容	组织要求	教师活动	学生活动	时间
实践与提高			左大腿上，足尖与左膝对齐 （3）左手置于右膝上，右膝带动脊柱转向左侧贴地，头部转向另侧，目视右手中指，双肩尽量下沉 （4）保持几组呼吸，然后身体还原 2. 教学引导 播放一段舒缓的音乐 "同学们吃过麻花吗？麻花的形状是扭转的，对不对？" "我们一起躺在垫子上，看看麻花是怎么扭出来的，好不好？" "双手伸直打开，掌心贴地，弯曲右膝，左手放在右膝上，右膝尽量贴地哦，眼睛看我们的右手，肩膀尽量下沉，好啦，我们保持顺畅的呼吸1、2、3、4、5……很好，身体慢慢还原。同学们，麻花扭得舒服吗？"	2. 进行趣味游戏，掌握仰卧扭脊体式 3. 加强腹部和腰侧肌肉的力量，伸展腰背肌肉	
	五、进行分组体式游戏比赛	1. 组织：坐于瑜伽垫上 2. 要求：根据游戏规则完成游戏	教师讲解游戏规则 "在运动会上都进行过接力比赛吗？大家一个接着一个跑步比赛，看哪一个队最先到达终点，哪个队就取得胜利！" "今天我们要进行的接力赛是坐在和躺在地上来进行的哦。首先，我们来分组，左边同学一组，右边同学一组。" 游戏1：坐于垫上，首先由左边这组同学完成双腿	1. 学生通过游戏，巩固所学体式，并学会合作、交流，培养竞争意识 2. 通过游戏获得快乐	

结构	教学内容	组织要求	教师活动	学生活动	时间
实践与提高			背部伸展式,然后右边一组再做 游戏2:仰卧,每人中间间隔一个人距离:先坐于垫上,双腿伸直;然后右脚脚踝放在左膝外侧;最后屈左膝,左脚脚跟贴于臀外侧。这时候,由每队的第一个人开始,左手扶住右膝,躯干向右旋转,转头,看向第二个人。同时,右手向第二个人击掌;然后,第二个人做同样的动作向第三个人……依次进行到最后一个人。看哪个队第一个全部击掌完毕,哪个队就赢得胜利 每轮比赛完毕后,可原地换动作,进行另一边动作的接力比赛	3. 游戏进行时,要互相鼓励,互相配合,用最好的精神状态完成游戏。并分别给予掌声鼓励	
调节与评价	六、休息与冥想 1. 在教师带领下完成放松 2. 跟着教师的导语进行瑜伽冥想	1. 组织:仰卧于垫上 2. 要求:安静、投入地跟着老师完成瑜伽冥想和休息放松	教师组织与引导 播放海浪声纯音乐,我们仿佛躺在沙滩上,后背触到温暖的沙子,非常舒服。感觉太阳照在身上,暖暖的。仔细听吸气的声音,那声音就像波浪冲击海岸。当你呼气时,想象海浪回归到大海的怀抱。保持这样的呼吸,想象波浪的起伏。现在呼吸变得均匀、顺畅,你心无杂念。蔚蓝的天空,微风轻轻地吹过,让我们进入忘我的仙境	1. 跟着教师的引导词完成瑜伽冥想和身体放松 2. 放松休息时可以选择简易坐,也可根据情况选择"仰卧休息式"	5分钟
	七、课程小结	1. 组织:简易坐姿	教师组织 (1) 课堂小结并评价学	1. 学生认真听取教师讲评	

续表

结构	教学内容	组织要求	教师活动	学生活动	时间
调节与评价	1. 评价游戏完成情况 2. 说明今后努力方向 3. 师生相互感谢道别，下课	2. 要求：评价客观，以鼓励为主。	生本次课表现 (2) 组织学生放好瑜伽用品 (3) 宣布下课，师生互道 namaste，感谢师生双方为这堂课的付出和努力	2. 有序收还器材 3. 与老师互道 namaste，感谢师生双方为这堂课的付出和努力	
	预计密度	55%~65%	预计平均心率	120~130 次/分钟	

（二）智力障碍学生健身瑜伽课程教案分析

1. 指导思想

智力障碍（重度）学生健身瑜伽课程的主旨在于培养学生对瑜伽的兴趣爱好，通过瑜伽练习促进学生的骨骼发育，调整身体姿态，培养集中注意力的能力，提高身体协调性和内脏器官及身体机能的健康水平。

本课的教学对象是重度智力障碍小学三年级学生，重度智力障碍学生练习瑜伽需要集故事、音乐、艺术修养及环境情景于一体，引导学生内外兼修、"全方位"发展。在教学中根据智力障碍学生的身心特点，瑜伽体式教学要有趣味性，让学生尽可能地听指令完成初级瑜伽体式。通过瑜伽练习不仅能够拉伸筋骨，锻炼平衡感，还可以增强身体抵抗力，并使学生变得自信开朗、积极向上。

本节课以学生认知程度及身体基本条件情况为依据，通过游戏、情景导入、示范与讲解等教学方法和手段激发学生的学习兴趣，使教学变得更生动，课堂充满趣味性。通过瑜伽课程让学生学会集中注意力、控制情绪，充分发挥想象力、提高自信心，促进学生身心全面健康发展。

2. 教学内容

本次课的教学内容包括：
①感受和学习瑜伽腹式呼吸法。
②学习基础瑜伽体式——双腿背部伸展式、仰卧扭脊式。

腹式呼吸不仅能增加膈肌的活动范围，扩大肺活量，改善心肺功能，还可以改善腹部脏器的动能和脾胃功能。瑜伽腹式呼吸在跑、走、坐、卧时皆可进行，有益于智障学生的身心发展,是瑜伽体式的基础。瑜伽双腿背部伸展式主要拉伸大腿后侧腘绳肌,还可以帮助按摩腹腔,促进消化。练习双腿背部伸展式后练习仰卧扭脊式,可以调节内脏器官,补充脊柱及周围肌肉的血液供给。

3. 学情

重度智力障碍学生智力发展水平在25~40,视觉加工能力十分弱,注意力不集中,语言沟通和交往能力欠缺,认知、模仿能力较弱,教师通过趣味瑜伽游戏活动进行体式练习,大部分学生能在教师辅助下完成简单的瑜伽体式。

4. 教学流程

教学流程分为:情景引入—热身游戏—呼吸练习—体式练习(双腿背部伸展式、仰卧扭脊式)—分组进行体式游戏比赛—放松与冥想—课程小结。

5. 教学流程设计目的与目标

(1) 情景引入

①通过儿歌激发学生学习瑜伽兴趣;
②触发学生内心与生俱来对美好的向往;
③培养专注力。

(2) 热身游戏

①"走独木桥":通过游戏调动学习积极性,降低肌肉黏滞性,训练身体平衡和稳定性,培养自信心。

②"小熊过山洞":教师扮演山洞,学生扮演小熊。通过游戏调动学生学习积极性并热身。

(3) 呼吸练习

通过瑜伽腹式呼吸法的练习,体会呼吸方法。通过呼吸练习扩大肺活量、稳定情绪、提升专注力。

(4) 体式练习

①双腿背部伸展式:通过双腿背部伸展式的练习拉伸大腿后侧肌群,大幅度伸展背部及脊椎。

②仰卧扭脊式:伸展脊柱和肩部,改善消化系统和循环系统的功能,增强脊柱灵活性,放松身体,补充能量,释放压力。

（5）分组进行体式游戏比赛

展示学习成果，培养合作精神，提升集体荣誉感。通过在教师和同学面前展示体式提升自信心。

（6）放松与冥想

学生通过静坐冥想，获得全身心的放松。

（7）课程小结

教师讲评本节课学习情况，让学生充分挖掘潜能，并养成良好的瑜伽课堂常规和行为习惯。

6. 安全提示

智力障碍学生健身瑜伽基础课程比较安全，不论从练习形式和运动强度来看都是可控的。但对于智障学生健身瑜伽课程的组织和实施，教师还是要高度重视，将安全放在第一位。学生初始接触瑜伽，并处于生长发育阶段，对体式的完成不能要求过高，无须做到绝对标准。让他们感受瑜伽，体会瑜伽带来的快乐最重要。

教师要做好课前准备，保持教室干净卫生，准备瑜伽辅具，认真组织教学，始终具有高度的安全意识和责任心。课堂上禁止学生推搡、打闹、追逐、奔跑，以免发生意外。尽可能留意每一位学生，积极引导学生学习。

二、智力障碍学生健身瑜伽体式组合

（一）重度智力障碍学生健身瑜伽体式组合

此套瑜伽体式组合适于重度智力障碍学生或智力障碍基础学生练习。瑜伽组合中包含多种类型的瑜伽体式，可以锻炼到全身各部位。智力障碍学生柔韧性与健全学生一样，但严重缺乏力量和平衡能力，教师要充分增强肌肉力量和平衡能力的训练。根据智力障碍学生的理解程度和身体情况进行体式的调整，若身体确实无法完成，可以将体式降阶（降低体式难度）进行练习。如条件允许可配助教，尽可能指导并辅助每一位学生，并确保安全（表6-3）。

表 6-3　重度智力障碍学生健身瑜伽体式组合动作

1. 山立式	2. 风吹树式	3. 增延脊柱伸展式	4. 树式
5. 斜板式	6. 猫伸展式	7. 虎式	8. 扳腿式
9. 半舰式	10. 背祈祷式	11. 简易扭脊式	12. 弓式
13. 大拜式	14. 犁式	15. 仰卧放松式	

（二）轻度智力障碍学生健身瑜伽体式组合

此套瑜伽体式组合适用于轻度智力障碍学生或练习基础较好的智力障碍学生选择练习，体式组合中选择了难度较大的体式编排其中。组合在完成时可以每个体式完成正、反方向后再接着练习下一体式。也可串联四五个体式，之后再做反方向的体式串联的练习，串联体式可以增强组合的流畅度，增加练习强度，使练习的效果提升（表6-4）。

表 6-4 轻度智力障碍学生健身瑜伽体式组合动作

1. 祈祷式	2. 展臂式	3. 站立前屈伸展式	4. 兔子式
5. 骆驼式	6. 上犬式	7. 顶峰式	8. 新月式
9. 战士一式	10. 三角伸展式	11. 侧角扭转式	12. 趾尖式
13. 简易鸽式	14. 船式	15. 牛面式	16. 仰卧放松式

第七章
自闭症学生健身瑜伽课程教学设计

瑜伽虽然在特殊人群中还没有被普及，但是针对瑜伽展开对自闭症患儿的治疗研究具有一定的积极意义。自闭症学生的运动方式和他们的思考方式一样，有着与众不同的表现。其协调能力发育不成熟，常有奇怪而独特的走路姿态，缺乏流畅性和效率，无法掌握身体在空间的位置。经常练习瑜伽可以帮助自闭症学生提高身体协调性，帮助他们意识到身体的位置，从而使其身体达到舒服的状态，这种良好的状态可以延续到他们的生活、工作等方面。

第一节 自闭症学生健身瑜伽课程目标

本节详细阐述了自闭症学生健身瑜伽课程的总体目标及根据自闭症学生的身心特点，划分为水平一（入门级）、水平二（基础级）、水平三（提高级）三个水平层次的水平目标。

一、自闭症学生健身瑜伽课程总体目标

瑜伽是一项比较静的运动，是在相对安静状态下对人体肌肉的控制能力进行培养，有效地滋养脊柱，保持正确的身体姿势，改善身体的控制力，调节情绪，使身心更协和谐。瑜伽的练习有助于提高自闭症学生身体的力量和平衡，各种体式可以增强身体肌肉群的力量，并增加肌肉的张力。自闭症学生健身瑜伽课程以"健康第一""关注学生个体差异"和"实现康复"为指导思想，以培养自主意识、增添快乐体验、能够自我接纳为最终目的，结合自闭症学生发展需要，以健身瑜伽的课程为载体，紧紧围绕瑜伽参与、瑜伽运动技能、康复及身体健康、心理健康与社会适应四个方面设置其学习目标。

二、自闭症学生健身瑜伽课程水平目标

将自闭症学生的学习划分为三级水平，每级水平有对应达到的教学目标，其中包括运动参与、运动技能、身心健康和社会适应。水平一至水平三可分别对应入门级、基础级和提高级。考虑到学生在学习方面的个体差异，可根据实际学习情况选择相应水平的学习内容，也鼓励部分学生进一步拓展和提高。

（一）水平一（入门级）

①培养学生对健身瑜伽课的兴趣，在教师的引导和辅助下参与瑜伽练习，初步了解瑜伽相关知识。

②在教师的指导下初步练习瑜伽的呼吸法、体位法和冥想法的基础技法和知识，掌握瑜伽体式中的基础体式，使自闭症学生感受健身瑜伽带给身体的舒适感，从而接受健身瑜伽。

③按照正确的动作要求练习，提高身体的肌肉力量，初步达到增强身体灵活性的目标。

④初步体验在健身瑜伽活动中的心理感受，使自闭症学生在健身瑜伽的习练中感受到身体的反应，如疲劳、紧张、放松等。

（二）水平二（基础级）

①对健身瑜伽课程表现出兴趣，乐于学习和展示简单的瑜伽体式，对新的体式有较强的学习欲望，具有一定习练瑜伽的能力。

②能说出简单的瑜伽体式，在教师的提示下可以完成瑜伽体式的展示，通过健身瑜伽的练习，能够改善身体姿态，提高自闭症学生身体的协调性。

③按照教师的引导词练习瑜伽，将从健身瑜伽中学习的知识技能泛化到生活中，调整站立、坐姿等身体姿态，从而使身体得到平衡发展。

④体验身体健康状况变化时的心理感受，例如，注意力、记忆力的提高，从而达到身心愉悦的状态。

（三）水平三（提高级）

①积极主动地参与健身瑜伽体式的学习，能自己安排习练时间及习练内容。

②具有一定的瑜伽技术水平，基本能完成瑜伽中等难度体位法的练习，初步

掌握瑜伽呼吸法、冥想法和休息术的完成方法，有效提高协调性及反应能力。

③通过基础练习，形成正确的身体姿势，能够将获得的正确姿态运用到日常生活中，全面提高自闭症学生身体的整体素质。

④通过学习健身瑜伽可以使自闭症学生潜移默化地改善情绪，达到稳定情绪的目的，从而改善对学习及生活的态度。

第二节　自闭症学生健身瑜伽课程教学组织与实施设计

本节详细介绍了如何进行自闭症学生健身瑜伽课的课程实施设计、课程教学组织方法及自闭症学生健身瑜伽课程的场地、器材要求等。为广大特教老师在开展自闭症学生健身瑜伽课程时提供一些参考和思路。

一、自闭症学生健身瑜伽课程教学组织

（一）自闭症学生健身瑜伽教学要求

1. 充分利用多样化的教学手段

利用多样化的教学媒介，例如，实物、图片、录音、视频、电脑课件等，协助学生了解瑜伽；善于利用多种感官刺激，如视觉、触觉、听觉等让学生理解并掌握瑜伽知识和技能，并提高参与学习的专注力和兴趣。

2. 重视对自闭症学生的康复训练

自闭症学生在运动方面有比较明显的缺陷，如大肌肉群延迟、肌肉张力低等由此导致的协调性障碍。一些自闭症学生在学习自行车、轮滑等项目存在困难而可能导致他们缺乏自信，甚至导致部分自闭症学生产生肥胖等健康问题。瑜伽各种体式练习可以增强身体肌肉力量，并增加肌肉的张力，也可以帮助改善身体平衡，从而提高身体的协调性。结合音乐、速度、美感让学生产生愉快的心情，从而缓解压力，建立强烈的信心与荣誉感，提高自闭症儿童环境适应能力。

（二）自闭症学生健身瑜伽课程组织

1. 集体教学

集体教学通常是指教师在一定时间内按照班级中一般学生的水平，就同一问

题对全班学生（两个以上）进行基本满足学生需要的教学，是最普通的课堂教学组织形式。教师集体授课后，让学生分小组进行练习。教师根据学生的能力、缺陷、差异及授课内容灵活安排学生的位置，以便分组辅导。集体教学能有效地指导和管理大量学生，有利于培养自闭症学生的集体意识和交往能力。

2. 分组教学

分组教学充分考虑学生的个体差异，根据学生的年龄和智力水平进行分班的基础上，实行以目标分层、评估分层为主要特征的班级分层与分组教学。分组教学是按照学生的残疾程度、发展水平和学习能力，把学生分成若干小组，以不同的方式进行教学，给每个学生参与学习的机会，教师可以充分地指导每个学生。

3. 个别化教学

主要指一对一教学。教师根据自闭症学生的需要专门安排时间，按照计划进行有目的、有针对性地一对一教学。在实施过程中，教师要根据学生的能力将任务分成若干个小步骤，再将每个步骤进行细分教学，使学生较容易完成任务，从而建立成就感，提高学生学习的兴趣和信心。

二、自闭症学生健身瑜伽课程的实施设计

健身瑜伽课的教学质量和效果主要体现在学生对瑜伽课的参与、瑜伽运动技能、康复及身体健康、心理健康与社会适应能力等方面的提高。教师要从研究自闭症学生认知特点和身心发展规律及相关学习目标、教学内容、教学方法、学习评价等问题入手，并根据实际情况科学合理地设计好每节课的教学方案，以保证健身瑜伽课程的有效实施，通过不断提高每节课的教学质量来实现健身瑜伽课程的目标。在健身瑜伽课的设计中一定要做好以下安排。

（一）学习目标设计

特殊学校课程围绕着智能发展、社会适应、生活实践这三个方面进行设计，其能力发展包括动作、感知、认知、语言及人际关系、情绪情感和休闲娱乐等具体内容。因此，特殊学生健身瑜伽教学目标设计应符合学生能力发展的具体要求，贴合学生的实际情况。

1. 根据学生不同程度设置教学目标

根据学生认知、行为、言语等能力的差别，教学设计中应设置不同程度的教

学目标，并且为了表达得简洁、明了，可以将轻度自闭症的学生标记为"A"、重度自闭症学生标记为"B"、伴有多重障碍的学生标记为"C"。

2. 适时调整教学目标

教学的同时，教师应注意学生的状态，课后及时记录每个学生的课堂表现，进行课后反思、及时调整，以便完善教学目标。

3. 课目标与总目标相结合

设置每节课的课目标应遵循总目标的设计要求。在总目标的指导下，设置阶段目标和中长期目标。阶段目标包括：第一阶段（一至三年级）、第二阶段（四至六年级）、第三阶段（七至九年级）；中长期目标包括：（0.5~1年以上，多项）和短期目标（1~3个月，单项）。

(二) 教学内容设计

①提高自闭症学生的身体协调性和运动能力，对情感表达和情绪管理有问题的自闭症学生来说，练习瑜伽体式可以成为他们情绪发泄的途径。对健身瑜伽教学内容的选择和设计应从自闭症学生的实际需要出发，要符合自闭症学生身心发展特点，联系自闭症学生已有的生活经验，由简单到复杂。

②自闭症学生的程度有所不同，在课程内容的选择和设计上应力求丰富多彩，可根据学生需求稍作调整。同一体式可以有精细的梯度设计，适合自闭症学生的个性特点和能力，培养他们对健身瑜伽的兴趣。

(三) 教学方法的选择与运用

①应根据自闭症学生偏爱模仿的特点，采用同步性的策略，与自闭症学生建立信任关系。尝试成为自闭症学生身体动作的复制品，模仿其行为中的中断或停止、突发或自我封闭等，直到学生对教师的模仿行为感兴趣。教师通过镜面反射感知学生的感受，从而与自闭症学生建立了信任的关系。

②应根据自闭症学生的学习特点采用结构化的教学策略。结构化是自闭症学生教育的主要特色。运用时间—空间的视觉象征，使教育环境高度结构化。由于他们在认知、语言、感知等方面存在缺陷，多数自闭症学生对自己熟悉的动作会产生安全感和舒适感，为了使其能够在结构化的环境里接受健身瑜伽的学习，教师应从环境结构化、视觉结构化和常规结构化等方面来设置和应用结构化概念。

③应根据自闭症学生喜爱音乐的特点采取趣味性策略。不同程度的自闭症学

生对音乐有着不同的感知力，借助这一特点，教师可以采用恰当的音乐旋律，设置有趣的故事情节，编排合适的瑜伽体式，从而调动自闭症学生学习瑜伽的兴趣及热情。

（四）教学组织设计

教学组织设计应当保证完成特定的教学任务，根据教学的主客观条件，师生在人员组织、程序、时空等方面进行适当的安排。由于自闭症学生个体差异大，思维直观具体，抽象概念思维发展缓慢，思维对行动的调节功能弱，缺乏积极主动性，所以必须采取多种教学组织形式来适应学生的不同需求。

①自闭症学生在个性、能力等方面的差异非常明显，教学中应以学生现阶段的需求为重点，灵活使用集体教学、分组教学及个别教学三种教学形式，为每位学生的发展提供机会，促使其潜能的开发，使每位学生得到发展。

②一堂好的健身瑜伽课，应该注重每个教学环节的安排。首先从稳定学生的情绪上开始。自闭症学生的情绪问题将严重影响其学习效果，制约其发展，所以稳定其情绪是首要任务。

③利用多样化的教学手段。例如通过照片、模型、图片、视频等协助学生掌握瑜伽体式。善于运用多感官刺激，如视觉、触觉和听觉等让学生感知所学内容，协助其理解并掌握瑜伽体式。

三、自闭症学生健身瑜伽课程教学注意事项

1. 选用有效的教学方法

有效的教学方法是教师得以传递信息、提高教学效率的保障。"教学有法，但无定法"，一种教学方法不可能适用所有人群，特别是对自闭症儿童进行教学时，为了保证练习效果，必须选用自闭症儿童所能接受的教学方法。教师要根据自闭症学生的学习特点以及表现形式，运用不同的教学方法，以提高教师的教学效率和自闭症儿童的学习效率。

2. 设计适合的教学环节

自闭症儿童注意力分散、思维概括能力薄弱。教师要根据儿童的能力将任务（知识、技能、行为、习惯等）分成若干个小的步骤，首先要激发学生学习动机，使学生形成主动学习的行为习惯，利用多感官充分感知学习内容，获得体

验,进一步提升学习能力。

3. 时刻关注学生

开始练习的时候,仔细观察学生,在学生完成体式时给出一些建议,使学生在所能承受的能力范围内更好地完成任务。

4. 提高学生注意力

为提高自闭症学生的注意力,教师要避免过度讲解。首次练习瑜伽前,和学生简单介绍瑜伽基础和呼吸练习。还可以通过图片让自闭症学生了解瑜伽的一般概念。

第三节 自闭症学生健身瑜伽课程案例与示范套路

一、自闭症学生健身瑜伽课程案例

(一)自闭症学生健身瑜伽课程教学设计案例及教案示范

自闭症学生(提升课程)——教学设计案例及教案见表7-1、表7-2。

表7-1 自闭症学生(提升课程)——教学设计案例

课程名称	上课班级	地点	授课时间	课程类型
健身瑜伽	五年级—自闭症	瑜伽室	***	实践课
学时	课序	班级人数	任课教师	备注
35分钟	15/18	6人	***	

表7-2 特殊教育学校健身瑜伽课教案

教学目标	◇认知目标:通过健身瑜伽教学,了解认识三角式、顶峰式体式 ◇技能目标:初步掌握所学的瑜伽体式,强化腿部、手臂力量,恢复脊柱活力 ◇情感目标:培养学生勇与克服困难的精神,提高交往素质和团结协作的能力,做学习的主人			
教学内容	瑜伽体式: 1. 三角式 2. 顶峰式	重点难点	场地器材	瑜伽室、瑜伽垫7块、瑜伽播放机、瑜伽音乐、瑜伽辅具(椅子、眼罩)
		重点:掌握基本体式动作方法 难点:合作完成体式动作		

续表

流程	课前沟通与情景导入—游戏—体式练习（三角式、顶峰式）—分组和个人展示瑜伽体式—放松与冥想—课程小结					
结构	教学内容	组织要求	教师活动	学生活动	时间
导入与热身	一、情景导入 1. 课堂常规 2. 介绍本次课所学内容 3. 进行安全提示	1. 组织：一列横队 ●●●●●● ▲ 2. 要求：快、静、齐，精神饱满	1. 了解学生情况，师生问好 2. 宣布本节课任务 3. 教师课程引入导语 "之前的学习中我们的身体变过小猫、小树、狮子、小蛇还有蝗虫等，今天老师带大家继续来玩身体变变变的游戏，看看我们的身体还能变成什么呢？"	1. 整队 2. 认真听教师讲解，并回答教师的问题 3. 学生认真听教师提出的安全提示	2分钟
	二、热身游戏（红绿灯）	1. 组织：无队列 2. 要求：在规定的范围内	游戏规则 A. 假扮树 （1）一人当顽皮的兔子，戴上饰品 （2）其他人自由活动，当要被小兔子抓住时，就双手合十在胸前假装是棵树，小兔子无法抓了，此时该学生也无法走动，需要等待其他活动的人解救 （3）被抓到的学生换成小兔子 B. 假扮石头 （1）一人当顽皮的兔子，戴上饰品。 （2）其他人自由活动，当要被小兔子抓住时，蹲在地上假装是石头，小兔子就无法抓住，此时	1. 跟着教师完成热身游戏 2. 尽量打开身体的各个关节部位	4分钟

续表

结构	教学内容	组织要求	教师活动	学生活动	时间
导入与热身			该学生也无法走动，需要等待其他活动的人解救 （3）被抓到的学生换成小兔子 提示：若每个人都静止不动时，邀请学生自愿当小兔子		
实践与提高	三、体式练习	1. 组织：学生横排在瑜伽垫上做准备 2. 要求：认真听老师讲解、示范	教师导语引入"让我们想象我们的身体像一个三角形（展示三角形图片）。学生会将注意力集中在这张图片上，而不会感到肌肉疲劳。"	1. 让学生观看展示图片 2. 在教师的指导和指挥下认真体会和完成体式	20分钟
	1. 三角式	1. 组织：学生站立在瑜伽垫上 2. 要求：跟着教师导语完成体式，只需做到自己最大的幅度即可 3. 降阶提醒：可以将右手放在瑜伽砖上，降低身体紧张感，保证身体舒适	教师讲解并示范体式完成步骤： （1）站立准备，双腿分开2.5倍肩宽，双脚应该笔直地指向前方，并且应该在一条直线上 （2）右脚向外90度，左脚向内30度。左脚的足弓应该与右脚跟成一条直线。将手臂向两边伸展，大约与肩同高 （3）躯干向右侧延伸弯曲，右手掌置于膝盖、胫骨和脚踝。逐渐向右脚外侧地面伸展	1. 模仿教师，试着完成体式 2. 在教师指导下，学生掌握和完成体式	

续表

结构	教学内容	组织要求	教师活动	学生活动	时间
实践与提高	2. 顶峰式练习	1. 组织：学生俯卧在瑜伽垫上 2. 要求：大多数学生在开始练习这个体式时小腿后侧的柔韧性较差。因此对姿势的深度和时间保持的长短尽力即可，不追求标准 3. 降阶提醒：可以弯曲双膝。有的学生需要教师用双手支撑其躯干帮助完成	（4）左手伸向天空，手臂向上伸展，胸部扩张打开。放松颈部，慢慢向上看左手 （5）双腿、腰背用力保持身体直立，慢慢放下手臂。双脚收回，深呼吸，在左侧重复一遍体式，回到山式站姿 1. 教学引导 "同学们，现在把自己想象成一只小狗，睡醒了要伸懒腰。" 2. 教师讲解并示范体式 完成步骤： （1）手掌放在肩膀下面，确保整个手都压在垫子上 （2）吸气，手掌往下推，把臀部推向空中。脚跟应该向垫子的方向压下 （3）腹部应该稳固支撑躯干。尽量不要耸肩，从臀部到肩膀呈一条直线 （4）完成体式后，俯卧在垫子上休息片刻 3. 组织学生练习 教师给出统一指令，让学生们模仿练习，纠正动作，帮助学生体会背部的拉伸		

续表

结构	教学内容	组织要求	教师活动	学生活动	时间
实践与提高	四、分组与个人相结合展示瑜伽体式	1. 组织 （1）两人一组，一名学生通过前面所学习的体式动作，用语言和身体来辅助指导另一名学生，交替完成。最后两名学生完成双人瑜伽体式 （2）个人展示，每名学生选择自己喜欢的体式进行展示 2. 要求 （1）分组展示要求：按要求展示，分组练习，积极鼓励展示的同学 （2）个人展示要求：能够大胆地完成自己选择的体式	1. 教师组织与指导 2. 教师引导学生在组内协商与交流，自主选择要展示的体式 3. 给小组和个人展示的体式进行拍摄，播放给学生观看	1. 按照要求展示体式 2. 根据教师的要求，小组可进行协商和设计 3. 请学生说出完成体式的感受	5分钟
调节与评价	五、放松与冥想 1. 在教师带领下进行放松 2. 跟着教师的引导语进行瑜伽冥想	1. 组织：围圈平躺在瑜伽垫上 2. 要求：安静地跟着老师完成瑜伽冥想和放松 3. 辅具提示：眼罩和闹钟	1. 教师组织与引导 2. 紧张和放松身体的每一部分，体验深度放松和享受的感觉。从脚开始，绷紧脚的肌肉，稍等片刻，然后放松。继续这个练习，然后放松以下部位：双腿，腹部，胸部，手臂，双手，最后放松脸和颈部	1. 跟着教师的引导词完成瑜伽冥想和身体放松 2. 放松休息时可以选择简易坐，也可根据情况选择仰卧休息式	3分钟
	六、课程小结 1. 学生完成	1. 组织：体操队形 ●●●●●● ▲	教师组织 （1）课堂小结并评	1. 学生认真听取教师讲评	2分钟

结构	教学内容	组织要求	教师活动	学生活动	时间
调节与评价	情况 2. 不足与建议 3. 今后努力方向 4. 宣布下课 5. 师生相互感谢道别	2. 要求：评价客观，以鼓励为主	价学生本次课表现 （2）组织学生放好器材 （3）宣布下课，师生互道 namaste，感谢师生双方为这堂课的付出和努力	2. 有序收还器材 3. 与老师互道 namaste，感谢师生双方为这堂课的付出和努力	
	预计密度	60%~70%	预计平均心率	120~140次/分钟	

（二）自闭症学生健身瑜伽课程教案分析

1. 指导思想

本次课在瑜伽初级体式的基础上，提升课程要加大体式难度系数。本节课采用同质小组（认知理解表达模仿等在一个水平上的学生）的形式，利用小组互动、一对一教学模式进行授课，使瑜伽体式得到更加精准的展示，学生的身体和心理素质得到进一步的提高。

2. 教学内容

本节课的教学内容为健身瑜伽的两个体式：①三角式；②顶峰式。通过调整呼吸、伸展、拉伸、站立等方式，使学生掌握体式的基本技能，提高柔韧、协调、耐力等素质。

3. 学情

小高组的学生对瑜伽已经有了一定的认识，具有一定的瑜伽基础。在瑜伽学习过程中已经具备通过视觉提示、模仿能够独立获取瑜伽体式的能力。身体上具备了力量、柔韧、平衡等能力，心理也有了自信、胆量和勇气。在教师指导下安全地学习难度系数稍大的体式。

本次课的六名学生为五年级自闭症学生，年龄在11~13岁，根据认知和感知能力的不同，将六名同学分成两组（A组、B组）。A组具有较好的认知和语言能力，手眼协调能力和触觉能力较强，能和同伴一起合作完成任务；B组具有较强的动手能力，但感知能力和认知能力还有待提高，能在教师的协助下完成练习任务。

4. 教学流程

教学流程包括课前沟通与情景导入—游戏热身—体式练习（三角式、顶峰式）—分组和个人相结合展示瑜伽体式—放松与冥想—课程小结。

5. 各教学流程教学内容设计目的与目标

（1）课前沟通与情景导入

师生互相问好，向家长了解学生的身体情况，以保证课程的顺利开展。通过情景导入激发学生参与的热情与兴趣。

（2）游戏热身

结合自闭症学生喜欢游戏的特点，开展"红绿灯"热身游戏。通过热身游戏让学生的身体活跃起来，为课程的顺利开展打下基础。

（3）体式练习

①三角式

三角式是第一个站立式，可以加强腿部和臀部的力量，还能延长躯干和脊柱。随着时间的推移，三角式会增加整个身体的柔韧性，给身体带来轻松和伸展的感觉。

②顶峰式

顶峰式是一种倒置姿势，臀部在心脏上方。这个姿势可以增加心脏的血液流动和循环。通过练习顶峰，可以伸展肩膀和手臂，颈部放松并下垂使颈部的紧张感得到缓解。脚跟向地板挤压，腿部肌肉可以得到拉伸。此外，腹部肌肉也被调动以稳定躯干。

（4）分组和个人相结合展示瑜伽体式

通过分组和个人相结合展示瑜伽体式，使学生加深动作印象，巩固体式要领，从而提高学生的交往能力，锻炼学生的胆量和勇气，提升自闭症学生的自信心。

（5）放松与冥想

教师通过引导词引导学生通过冥想和仰卧休息获得放松。

（6）课程小结

通过瑜伽练习，使学生们体会到了合作的乐趣。

6. 安全提示

本节课是健身瑜伽提升课程，体式内容难度系数稍大。在教学过程中，教师要给出正确的引导，以便使每位学生找到适合自己的体式强度。教学中要时刻观察学生的身体状况及情绪反应，及时应对，以免发生意外。针对情绪不良、不愿合作的学生要有预案。在教学的每个环节都给出必要的安全提示，时刻关注学生的安全问题。

二、自闭症学生健身瑜伽体式组合

（一）自闭症学生健身瑜伽体式组合——基础套路

此瑜伽体式组合适用于自闭症学生，是一套比较简单的基础体式组合套路。组合中包含多种类型的瑜伽体式，可以锻炼全身各部位，通过反复练习可以提升自闭症学生身体的力量、柔韧、平衡等素质（表7-3）。

表7-3　自闭症学生健身瑜伽体式组合（基础套路）动作

1. 山式站姿	2. 摩天式	3. 树式	4. 幻椅式
5. 侧角伸展式	6. 站立前屈伸展式	7. 蝴蝶式	8. 船式

续表

9. 双腿背部伸展	10. 简易扭脊式	11. 上伸腿式	12. 桥式
13. 人面狮身式	14. 眼镜蛇式	15. 婴儿式	

（二）自闭症学生健身瑜伽体式组合——提高套路

提高套路所选取的瑜伽体式在基础套路的基础上有所增加，适合有一定基础的自闭症学生练习。如果体式组合中某一体式难度偏大而无法完成，可采用降阶方式调整体式难度，也可以选择各种瑜伽辅具进行练习（表7-4）。

表7-4 自闭症学生健身瑜伽体式组合（提高套路）动作

1. 仰卧扭脊式	2. 锁腿式	3. 犁式	4. 船式
5. 蝗虫式	6. 半鹰式	7. 门式	8. 顶峰式

续表

9. 新月式	10. 战士一式	11. 三角扭转式	12. 顶峰式
13. 神猴式	14. 牛面式	15. 反斜板式	16. 仰卧放松式

第八章
肢体障碍学生健身瑜伽课程教学设计

健身瑜伽对平衡性与协调性都有一定要求，因此，肢体残疾的学生想要学习瑜伽是有一定困难的。然而，对补偿、康复和激励肢体障碍学生而言，健身瑜伽又是一项温和的、循序渐进的、由内而外能够给予肢体障碍学生积极影响的一项运动。若能够在瑜伽学习过程中，兼顾到学生心理问题，如克服自卑及畏难情绪等，并将此延伸至日常生活中，将使健身瑜伽这门学科的开展更具意义。

第一节 肢体障碍学生健身瑜伽课程目标

本节详细阐述了肢体障碍学生健身瑜伽课程的总体目标及根据肢体障碍学生的身心特点，划分为水平一（入门级）、水平二（基础级）、水平三（提高级）三个水平层次的水平目标。

一、肢体障碍学生健身瑜伽课程总体目标

肢体障碍学生的健身瑜伽课程旨在通过课堂学习，使其身心得到科学的、缓和的、适合其自身特点的体育锻炼，教学目标将从认知、能力和情感三个方面提出，如：

①通过学习了解什么是瑜伽，掌握瑜伽的概念和内涵。
②通过练习能够准确无误地完成所学体式，部分因肢体障碍而无法独立完成的体式能够在教师的辅助下完成。
③掌握"腹式呼吸法"和"胸式呼吸法"。
④通过健身瑜伽练习，培养肢体障碍学生坚韧的品质，增强自信心。
⑤在一系列丰富的课堂活动中，培养和提高学生的社交能力、表达能力。

二、肢体障碍学生健身瑜伽课程水平目标

(一) 水平一（入门级）

①通过教师引导，学生能够融入健身瑜伽课堂，对瑜伽有初步的了解。
②在教师的指导与辅助下，参与瑜伽体式的练习，并记住所学过体式的名称。
③感受瑜伽音乐的舒缓节奏，在课堂上保持平和的心态。
④通过教师指导和课堂活动，学生愿意与他人配合并尝试表达自己。

(二) 水平二（基础级）

①了解瑜伽基础知识，主动参与到课堂学习中，培养学习兴趣。
②初步掌握所学习的体式，能够在教师的语言提示下完成体式练习。
③主动调整情绪，以平和稳定的心态学习。
④通过分组互动练习，与他人合作并能积极主动交流，培养良好的人际关系。

(三) 水平三（提高级）

①积极参与到课堂学习中，课后主动完成教师布置的作业。
②能够准确无误地完成瑜伽体式，清楚动作要领和技术要求。能够在教师的辅助下尝试练习有一定难度的瑜伽体式。
③在课堂上感受到瑜伽动作的优美，对自己有一定自信，能够克服因身体活动受限而带来的自卑感。
④主动和同学交流学习瑜伽的体会，在分组展示环节后能对同学的动作作简单点评。

第二节 肢体障碍学生健身瑜伽课程教学组织与实施设计

本节详细介绍了如何进行肢体障碍学生健身瑜伽课的课程实施设计、课程教学组织方法及肢体障碍学生健身瑜伽课程的场地、器材要求等。为广大特殊教育教师在开展肢体障碍学生健身瑜伽课程时提供一些参考和思路。

一、肢体障碍学生健身瑜伽课程教学组织

（一）肢体障碍学生健身瑜伽教学要求

1. 充分了解学生，进一步发展其自身优势

受到身体部位残缺、运动功能障碍、先天性疾病等因素的影响，肢体障碍学生的个体差异呈现出更显著且多样化的特点。教学开始前，对学生的充分了解将为日后的瑜伽学习打下一个良好的基础。教师应该时刻关注学生的个体差异，了解每位学生优势，并了解学生的需求，在此基础上因材施教，使学生得到更好的发展。教师若能将缺陷补偿的思路进一步延伸发展，将进一步提高学生的自信心，使肢体障碍学生更愿意走进瑜伽课堂。

2. 帮助学生克服自卑感

肢体上的残疾给学生们的学习、生活带来了巨大的困难。面对诸多的不便，很多学生会表现出对外界刺激的敏感，经常因为挫折感、别人异样的眼光和不适宜的怜悯而产生自卑，对自己的认同感存在偏差和缺失。在瑜伽教学中，教师首先要跟学生创建一种平等的关系，拉近彼此的距离，努力走进学生的内心，获得学生的信任。尽可能多地给予学生鼓励，以正面引导的方式帮助他们迈出学习的第一步。在教学中还要多与学生沟通，给予学生安全感，在体式练习时要帮助和保护学生。

（二）肢体障碍学生健身瑜伽课程组织

1. 小班制授课

教师面向肢体障碍学生授课时，因为学生身体状况的个别差异性和特殊性，很多时候不能像常规授课一样仅通过示范讲解来教授学习内容，对学生的辅助练习也是十分重要的教学环节。因此小班制授课更加适合针对残疾学生开展教学。

2. 教师对瑜伽教学的灵活把握

面向个别差异性大的学生授课，教师要特别注意教学内容的适用性与教学目标的针对性，在教学过程中灵活把握教学内容的深浅及教学节奏的快慢，要适时进行调整。如"增延脊柱伸展"式，看似简单的站立时双手抓脚的动作，但对于肢体障碍学生而言是非常有难度的。如对单腿活动受限的学生来说，练习该动作时难以保持平衡；对于脊柱僵直的学生来说，练习该动作时脊柱弯曲幅度过于

大；对于上肢运动功能障碍的学生来说，练习双手难以抓握脚腕。所以教学内容的选择要综合班集体学生的实际情况进行制定。例如"简易蝗虫"体式就非常适用于单腿残疾的学生。但在学习过程中，教师要特别注意循序渐进地把握教学进度，可以从腿部不抬高，仅把脚背绷直开始，逐步练习腿部的控制能力，并慢慢对抬腿的高度进行要求，直至最终能做到单腿抬高保持体式。

二、肢体障碍学生健身瑜伽课程的实施设计

（一）学习目标设计

①肢体障碍学生的个别差异性非常大，每个学生的实际情况不尽相同，因此，制订学习目标的首要任务是了解学生。对学生的残缺部位、身体活动受限程度、认识水平、瑜伽运动能力、心理状态等诸多方面进行全面细致的分析，从而确定学习目标。

②教学目标的设计应该遵循前文中多次提到的安全性原则、个别化原则、循序渐进性原则、补偿性原则、重在参与鼓励为主原则。

（二）教学内容设计

教学内容要合理精选，所制订的教学内容要适合肢体残疾学生的生理、心理特点，内容具有实效性且有利于目标的实现。在选择教学内容前，要深入学生中去考察和分析，了解学生的体育兴趣、爱好、态度、个性心理特征、实践能力等。教学时将内容分解、分级，使学生更容易掌握和练习。

（三）教学方法的选择与运用

①瑜伽教学中有许多教学方法，不管采用何种方法，都应落脚于是否调动了肢体障碍学生的学习积极性，是否产生了良好的教学效果，对于班级中不同类型的学生而言教学方法是否可行。除根据不同内容选择不同的方法外，还要根据不同教学对象选择适合的教学方法。

②激发学生学习瑜伽的兴趣是提高体育课堂教学有效性的前提。因此，要采取多种措施来激发学生的兴趣。使每个学生都能体验成功。分层教学法是一种很好的教学方法，让学生根据自己的能力选择适合自己的练习方法、通过教学能使不同层次的学生都能感受到成功的喜悦，体验到瑜伽学习的快乐，从而极大地调

动了学生学习的积极性。

③教师需要注意教材内容安排的新颖、运用多变的教法手段，充分体现出体育课的活动性、游戏性和娱乐性，从而提高学生的求知欲，激发学生对瑜伽学习的兴趣。

④竞争是体育的最大魅力所在，在体育教学与竞赛中学生们争强好胜，渴求表现自己。因此，在教学中应创设竞争情境，为学生提供竞争机会，在竞争中展示自己，激发他们的学习兴趣。

(四) 教学组织设计

教学组织形式是指在瑜伽教学过程中，根据教师与学生及学生与学生之间的关系，为课堂任务的实施而确定的一种基本活动形式。有效的教学组织形式能大大提高教学效率，使整个教学过程更加切合实际，从而顺利地完成课堂教学任务。

1. 技能分组

在肢体障碍学生中间，瑜伽运动技能水平和能力存在一定的差异。瑜伽以其外在的表现形式，更容易将差异表现出来。如果教师没有考虑到这一点，只强调了统一安排、统一要求，就会出现一部分学生产生厌学或畏学的不良情绪。在采用技能分组的教学中，由于教师分组可以因人而异，对不同组别提出不同要求，这样就有利于因材施教，激发学生的练习积极性和主动性。

2. 自由组合

自由组合方法适用于课堂中的练习环节。有利于同学之间共同进步和提高，形成互帮互学的集体，树立较强的责任心和集体荣誉感。在教学实践中，这种分组方法可以使同学之间感情融洽，学生们对自己推选的小组长比较信任，小组的组织纪律性明显增强，小组间在学习和教学比赛时的竞争更加激烈。由于同组同学的感情融洽，同组之间互帮互学的气氛浓厚，有利于教师的组织和管理。

3. 集体授课与个别展示相结合

集体授课是最为常见的一种授课形式，以教师面对班级所有学生讲授相同的教学内容来开展教学，一般适用于新的教学内容。而个别展示则更适用于复习课，当学生已经掌握了一定体式要领，则可以请其单独展示，班级同学观看并点评。集体授课与个别展示相结合将会使课堂形式更加灵活多样。

三、肢体障碍学生健身瑜伽课程教学注意事项

（一）量力而为

在练习过程中，教师应该鼓励学生放松身体，均匀呼吸，舒缓练习。先充分做好热身准备活动，练习先从简单的动作开始。在练习中要根据自己的能力量力而行，动作伸展到自己能承受的最大限度即可，在练习过程中如果有任何不适，应立即停止练习。

（二）教师充分辅助与保护

教师在获得学生充分信任的前提下，对学生进行练习过程中的助力和辅助是非常有必要的。这会使因身体障碍而担心无法完成体式练习的学生更加勇于尝试，从某种角度而言，教师已经变成了学生的"左膀右臂"，是肢体障碍学生瑜伽练习过程中不可缺失的一部分。在练习过程中，教师还充当了保护者的身份，帮助学生保持身体平衡，使其远离意外伤害。

第三节 肢体障碍学生健身瑜伽课程案例与示范套路

一、肢体障碍学生健身瑜伽课程案例

（一）肢体障碍学生健身瑜伽课程教学设计案例与教案示范

肢体障碍学生健身瑜伽（基础课程）教学设计案例与教案见表 8-1、表 8-2。

表 8-1 肢体障碍学生健身瑜伽（基础课程）——教学设计案例

课程名称	上课班级	地点	授课时间	课程类型
健身瑜伽	二年级—肢体障碍	瑜伽室	＊＊＊＊	实践课
学时	课序	班级人数	任课教师	备注
40分钟	5/18	6人	＊＊＊	

表 8-2　特殊教育学校健身瑜伽课教案

教学目标	◇认知目标：对健身瑜伽有基础性了解。能够记住所学瑜伽体式的名称及动作要求 ◇技能目标：能够独立或在教师的帮助下完成体式"半鹰式、眼镜蛇式" ◇情感目标：提升自信心，感受瑜伽练习的乐趣及同学间的互助精神			
教学内容	瑜伽体式： 1. 半鹰式 2. 眼镜蛇式	重点难点	重点：掌握各个体式的完成步骤 难点：如何在完成体式的过程中科学合理地使用残肢受力及发力	场地器材	瑜伽室、瑜伽垫6块、瑜伽辅具、音响、瑜伽音乐
流程	师生问好—常规热身—视频及讨论导入—体式学习（半鹰式、眼镜蛇）—分组练习—展示—放松与冥想—课堂小结			

结构	教学内容	组织要求	教师活动	学生活动	时间
导入与热身	一、师生问好 二、常规热身 1. 手指活动 2. 头颈肩活动 3. 上肢躯干活动 4. 胯部下肢活动	1. 师生盘腿坐于瑜伽垫上，学生两横排面对老师 ●●● ●●● ▲ 2. 师生以歌唱形式互相问好	唱词： 同学们，上课啦！ 快坐好，快坐好， 现在开始点名啦！ 听好啦！听好啦！ A：你好，早上好！ B：你好，早上好！ C：你好，早上好！ D：你好，早上好！ E：你好，早上好！ F：你好，早上好！ 教师播放背景音乐，同时带领学生进行热身活动	学生依次回答老师："老师好，早上好！" 在音乐的伴奏下，跟随教师做热身活动。充分预热身体，达到适合瑜伽练习的状态	3分钟

续表

结构	教学内容	组织要求	教师活动	学生活动	时间
实践与提高	三、主题导入	1. 教师播放视频，并给出问题，请同学们观看并在视频中寻找答案 2. 教师总结学生答案，引出本节课主题	1. "同学们，今天老师先给大家播放一段视频，请同学们认真观看，看完视频请大家说说视频中的场景在哪里，你们都看到了什么。" 2. 视频结束，教师提问："同学们，刚才视频里的是什么地方？" 3. 教师："是的，请问在森林里同学们都发现了什么？" 4. 教师："同学们都看到了哪些动物和昆虫？你们认识吗？" 5. 教师："同学们非常棒，观察得很仔细。我们今天要学习的瑜伽体式就和你们刚才见到的动物和昆虫有关系。"	1. 学生认真观看 2. 学生回答："是森林。" 3. 学生："有茂密的树林，还有许多动物和昆虫。" 4. 学生："看到了老鹰、眼镜蛇还有蝗虫。"	5分钟
	四、体式学习 1. 半鹰式	1. 组织：金刚坐姿 2. 要求：保持自然顺畅的呼吸，为提示练习准备	1. 教师请同学们说一说刚才视频中的老鹰是什么样子的 2. 教师总结同学们的答案，进一步讲解老鹰的特征，并请同学们模仿 （1）尖尖的嘴 （2）炯炯有神的眼睛 （3）伸展的翅膀 3. 教师展示体式"小小鹰"的完成步骤并强调动作要点 （1）金刚坐姿 （2）将左肘放在右肘关节之上，左前臂绕右前臂转向左侧，双手掌心相对合掌。手臂带动头向后伸展，胸腔上提，	1. 学生们各自表达自己观察到的老鹰有什么特征 2. 学生们根据教师的提示模仿老鹰 3. 学生认真观看教师示范 4. 学生跟随教师学习体式	10分钟

续表

结构	教学内容	组织要求	教师活动	学生活动	时间
实践与提高	2. 眼镜蛇式		双臂抬至头顶上方 （3）保持几组呼吸，然后还原呼吸（吸气后展，呼气身体还原） 强调要点：胸腔打开，手臂有力，大小臂呈90度，头不宜过度后仰，不要憋气 4. 教师带领学生完成体式步骤 1. 教师："请问同学们刚才观察到的眼镜蛇又是什么样子的呢？" 2. 教师总结学生们的回答："眼镜蛇是细长的，蛇头部是立起来的。头扁扁的呈三角形，有细长的信子。请同学们模仿眼镜蛇。" 3. 教师展示"眼镜蛇"体式的完成步骤，并强调动作要点 （1）俯卧 （2）双手放于胸部两侧，指尖对齐肩膀，肘内收 （3）胸部上提，手臂推地，向后伸展脊柱，延伸下颌 （4）保持几组呼吸，然后还原呼吸（吸气抬起，呼气回落） 动作要领：手指尖与肩平齐在一线，胸腔打开，胸椎充分上提后展，耻骨贴地，头不宜过度后仰	1. 学生们描述自己观察到的眼镜蛇 2. 学生根据教师的描述模仿眼镜蛇 3. 学生认真观看教师示范 4. 学生跟随教师学习体式	

续表

结构	教学内容	组织要求	教师活动	学生活动	时间
实践与提高	五、分组练习 将学生分为三组进行练习 根据残疾情况和学习能力分组如下： AB、DE、CF		4. 教师带领学生完成体式步骤 教师在各组之间进行辅助与指导 1. AB组同学，上肢单臂残疾，但是肘关节以上可以活动。因此在完成体式"半鹰式"时，手部动作可以适当做出调整，要求双肘并拢即可。完成"眼镜蛇"体式时，可单手支撑，根据自身情况尽量将上身抬起，教师在这个过程中要特别注意对学生的辅助 2. 在练习过程中，更多地给予F同学关注，帮助其理解动作重难点 3. 其他腿部残疾的同学对本课所学体式如有不能完成或者不能完全做到位的情况，教师可根据实际情况缩小动作幅度，或者由跪姿调整为坐姿来完成体式	学生分组练习	10分钟
	六、展示	1. 同学们围坐半圆 2. 请学生按照分组进行展示	教师组织学生进行展示，并请学生点评	学生们互相观看，认真学习	5分钟

续表

结构	教学内容	组织要求	教师活动	学生活动	时间
调节与评价	七、放松	教师播放舒缓的音乐带领学生以"仰卧休息式"进行全身的放松	放松时，教师以舒缓轻柔的语言引导学生们放松身心 教师引导词："全身呈一条直线，脸部朝上，两腿分开，脚尖稍朝外，两臂自然放于身体两侧，掌心朝上。腰背尽量贴合地面，下颌微收。"	同学跟随音乐及教师的导语放松	3分钟
	八、课堂小结	1. 组织学生盘腿坐下 2. 教师总结本课学习情况 3. 提出练习建议	教师对课堂表现优异的同学给予肯定，鼓励其他同学继续努力	1. 学生认真听取教师讲评 2. 有序收还器材 3. 与老师互道namaste，感谢师生双方为这堂课的付出和努力	2分钟
	预计密度	55%~65%	预计平均心率	120~130次/分钟	

（二）肢体障碍学生健身瑜伽课程教案分析

1. 指导思想

瑜伽是一项通过控制身体和呼吸来完成的运动，对于肢体障碍学生来说，科学有效的瑜伽练习能够辅助其更好地感知和改善身体各项机能。肢体障碍学生练习瑜伽要根据不同残疾情况进行更有针对性的体式练习。

肢体障碍学生的心智大都正常，在成长的过程中，他们体验到因身体残缺而给自己带来的种种不便和痛苦，因此经常会感到敏感、焦虑、不安和抑郁。在健身瑜伽的练习中，教师要特别注意肢体障碍学生的心理状况，并稳定其情绪。

本节课以学生的肢体受限程度和运动能力为依据，结合低年段学生的认知能力拟订了教学目标、教学内容及教学过程。通过师生互通、团队协作和个人展示等教学手段，促进学生更好地理解掌握所教授的瑜伽体式，并能够将课堂上的规则意识、社会交往能力及积极健康的学习心态延伸到实际生活当中。

2. 教学内容

本节课以"森林进行曲"为主题,将两个以动物命名的体式编排在一堂课内学习,教学过程中会融入动物模仿、分组讨论练习等环节。

(1) 半鹰式

灵活指、腕关节,美化手臂和肩背部肌肉线条,促进头、颈部血液循环。

(2) 眼镜蛇式

强化上肢及背部肌群,缓解腰部不适,按摩腹部内脏,促进消化,灵活脊柱。

3. 学情

授课对象为肢体障碍二年级学生,以下将以 A、B、C、D、E、F 替代进行学情分析。

A、B 同学为上肢单臂残疾。肘部以下活动受限,能够使用肘部受力。智力程度与同龄的健全儿童无明显差别。A 同学性格开朗,较易接受新知识的学习。B 同学内向且不够自信,需要教师给予更多的鼓励和辅助。

C 同学双下肢不等长,差距在 5 厘米以上。双腿活动不受限制,可以独立行走,但走路姿势异样。智力程度与同龄的健全儿童无明显差别。学习能力较强,但身材瘦弱,整体运动能力较弱。

D、E 同学单小腿缺失,残肢活动不受限,能够使用膝关节受力,需使用辅具行走。智力程度与同龄的健全儿童无明显差别。D 同学活泼好动,因长期接受康复训练,整体运动机能较好。E 同学身材较胖,行动缓慢,对瑜伽学习的兴趣较缺乏。

F 同学右上肢中度障碍,活动受限,无法受力。智力程度与同龄的健全儿童略有差别,接近于智力障碍轻度水平。F 同学对瑜伽学习十分感兴趣,但是注意力不易集中,需教师特别关注。

4. 教学流程

师生问好—常规热身—视频及讨论导入—体式学习(半鹰式、眼镜蛇式)—分组练习—展示—放松与冥想。

5. 教学流程设计目的与目标

（1）师生问好

以歌唱的形式进行师生间问好，旨在迅速将学生的注意力集中到课堂上来。师生面对面交流能够培养学生对老师的信任感和安全感，有利于瑜伽学习过程中教师对肢体残疾学生的帮助与辅导。

（2）常规热身

结合班级学生的身体情况，以地面及原地站立的热身活动为主。通过热身活动使学生身体进入运动状态，避免在学习过程中造成损伤。

（3）视频及讨论导入

教师以几个重点问题为导入并播放视频，请同学们在观看视频的过程中寻找答案。教师对学生的答案进行总结，引出本课的学习主题即"森林进行曲"。此步骤旨在激发学生学习的主动性，积极思考探索答案。

（4）体式学习

结合主题探讨开展体式的练习，在每一个体式学习之前请学生介绍该种体式模仿的动物的生活特性及体态特征，并进行模仿。然后教师示范标准动作并作详细的讲解。这种将现实生活中观察到的事物延伸到课堂的学习中的方法能够帮助学生更好地掌握内容。

（5）分组练习

教师将残疾类型、学习程度相接近的学生分为一组进行练习。在练习中教师要充分巡视，并及时给予辅助及指导。肢体残疾学生在学习过程中会遇到因身体活动受限而不能标准地完成体式。因此两人一组进行练习能够使同学们互相助力，并在练习过程中培养学生的社交能力，体验接受帮助和给予帮助的过程。

（6）展示

展示环节可以根据学生实际学习情况进行分组或进行个别调整。展示环节是对学生学习过程的肯定，无论动作标准与否都应给予学生展示的机会，目的在于提高学生的自信心，鼓励学生勇于展现自我。

（7）放松与冥想

"仰卧休息式"是较适合肢体残疾学生的一种放松方式。教师可以通过语言引导，使学生在课堂结束前充分放松身心，保持心态平和。

6. 安全提示

①教学内容的选择必须是适合学生的，保证学生在现有的身体状况下能够安全地完成体式学习。

②教学过程中，教师应该充分观察学生的身体状况，准确判断在何时、何部位对学生进行辅助，并且在辅助的过程中把握动作的幅度，充分保证学生不会受到拉伤、摔伤等伤害。

二、肢体障碍学生健身瑜伽体式组合

（一）肢体障碍学生健身瑜伽体式组合——基础套路

此瑜伽体式组合适于肢体障碍学生练习，是基础级别的套路。体式选取比较简单，但体式组合中涵盖了各种类型的瑜伽体式。经常练习能充分增强肢体障碍学生的肌肉力量、柔韧性、平衡能力等。但由于肢体障碍学生的特殊性，教师还需根据肢体障碍学生的实际身体情况调整体式的幅度、支撑点。在练习过程中尽量采取小班制教学，保证教师有充分的时间对个别学生进行辅助及指导（表8-3）。

表 8-3 肢体障碍学生健身瑜伽体式组合（基础套路）动作

1. 蝴蝶式	2. 上伸腿式	3. 半舰式	4. 锁腿式
5. 猫伸展式	6. 虎式	7. 骑马式	8. 侧角伸展式

续表

9. 战士二式	10. 幻椅式	11. 展臂式	12. 半三角扭转式
13. 顶峰式	14. 金刚坐	15. 婴儿式	

(二) 肢体障碍学生健身瑜伽体式组合——提高套路

此套瑜伽体式组合适于有一定练习基础的肢体障碍学生练习,整体难度较基础级套路有所增加,是提高级的套路。体式组合涵盖的瑜伽体式类型更加丰富,希望通过瑜伽练习能够更全面地提高肢体障碍学生的身体素质和健康水平(表8-4)。

表8-4　肢体障碍学生健身瑜伽体式组合(提高套路)动作

1. 双腿背部伸展式	2. 扳腿式	3. 斜板式	4. 八体投地式
5. 弓式	6. 云雀式	7. 坐角式	8. 扭头触膝式

续表

9. 牛面式	10. 骆驼式	11. 新月式	12. 双角式
13. 三角伸展式	14. 侧角扭转式	15. 战士三式	16. 祈祷式

第九章
特殊学生亲子（双人）健身瑜伽

家庭教育环境及家长的陪伴对于特殊学生的成长和恢复尤为重要。通过亲子瑜伽活动让家长和孩子亲密接触，促进情感沟通和交流，使特殊学生家长更加了解孩子，亲身体验及进一步挖掘孩子的潜能。

本章所介绍的瑜伽练习方法可以让特殊学生与家长共同参与，一起进行瑜伽活动。通过亲子瑜伽帮助特殊学生养成坚持运动的习惯，并培养良好的品质，提高人际交往能力，逐渐形成良好的社会适应能力。

第一节 亲子健身瑜伽的介绍

本节让我们一起来了解什么是亲子瑜伽、特殊学生亲子健身瑜伽又是怎样的。特殊学生进行亲子健身瑜伽运动有哪些好处，以及特殊学生在亲子瑜伽练习时应该注意些什么。

一、什么是亲子瑜伽

亲子瑜伽是指适合儿童与家长共同参与的瑜伽练习、瑜伽体验、瑜伽游戏等活动。亲子瑜伽一般适合3~12岁的儿童与家长一起练习，在儿童各器官系统发展的最佳时期进行亲子瑜伽练习，有助于开发儿童的潜能，促进其身心全面发展。

在舒缓、轻柔、优美的音乐声中，孩子与家长在轻松愉快的氛围中一起练习瑜伽是一种非常美妙的感受。家长与孩子共同参与瑜伽练习的过程是一种高质量的陪伴，在亲子瑜伽练习过程中互相扶持、共同学习，让彼此有更多相互了解和认识的机会，并产生美好的心理感受，从而达到放松、愉悦身心，促进感情交流，融洽亲子关系的效果。

二、特殊学生亲子健身瑜伽

对于特殊学生而言，家庭对其成长和身体恢复尤为重要。在特殊学生的家庭中，家长积极开展各种训练和各种亲子活动，给予足够的关注也是促进特殊学生恢复和帮助特殊学生逐步适应社会的最好方式。在特殊学生的家庭中，很多家长也在寻找能够更好地陪伴孩子、促进孩子康复训练的方式。

特殊学生亲子瑜伽是指特殊学生与家长共同参与，共同进行的一系列瑜伽活动。

三、特殊学生进行亲子健身瑜伽运动的好处

（一）强健身体

通过各类瑜伽体式的练习可以增强特殊学生身体各肌肉群的力量，提升身体的柔韧性，促进身体各项机能发展，提高运动素质，帮助改善身体平衡能力及协调性。

（二）调节心理状态，促进身心发展

瑜伽练习可以舒缓神经系统，在进行亲子健身瑜伽练习时，特殊学生的身体会得到舒缓，焦虑情绪有所减轻，内心会感到平静、舒适。特殊学生和家长共同练习瑜伽的过程会使双方都有美好的心理感受，有了家长的陪伴和保护，在整个练习的过程也让特殊学生能感受到更多的安全感。

（三）促进情感交流，形成良好性格

亲子健身瑜伽是家长与特殊学生间一个很好的沟通方式，孩子每次完成一个动作之后，家长予以赞扬、鼓励或者面露喜悦的表情，孩子会感到被认可、被肯定。通过这种方式有助于提升特殊学生的自信心，形成良好的性格。家长和孩子共同完成各种瑜伽体式，相互支撑、相互依靠，逐渐增进亲子间的感情，形成良好的亲子关系，让特殊学生更有安全感。

（四）逐步形成社会适应

部分特殊学生会存在自卑感，与同伴相处时往往不知如何与小伙伴交谈或不

敢表达自己的观点。通过亲子瑜伽这种活动方式可以让特殊学生感受和习惯与人相处、与人接触。在亲子瑜伽练习过程中，家长可以逐步启发和教育孩子，并给他们提供各种方案，比如："不仅可以与家长一起练习，也可以与小伙伴一起练习双人瑜伽体式"等，鼓励孩子参与社交，帮助他们融入社会。

四、特殊学生亲子健身瑜伽练习注意事项

特殊学生亲子健身瑜伽练习时不要要求孩子将每一个动作都做得标准到位，在保证训练安全的前提下，让孩子像模仿一个物品或动物一样完成瑜伽体式即可。亲子瑜伽练习过程中快乐和安全是最重要的，高难度的体式、高强度的练习并不是亲子健身瑜伽的追求。在练习过程中还应注意以下几个方面。

（一）了解身体状况，保障安全

亲子瑜伽练习之前家长要充分了解自己和孩子的身体状况和练习基础，这是非常重要的。千万不要勉强做一些力所不能及的体式或者过度运动。选择简单动作练习，循序渐进地提升练习难度，通过练习使家长和孩子身心健康发展、促进亲子关系更加和谐才是亲子健身瑜伽的真谛。

（二）选择适宜的练习场地

在家中或户外等非瑜伽专业练习场馆进行亲子瑜伽练习时，一定要选择宽敞、无障碍物的场地，避免不必要的磕碰。地面铺瑜伽垫或薄毯，既要防止地面过硬，也要防滑。在家中练习时，家长应在练习前做好场地布置工作，也可以准备一些瑜伽练习辅具配合练习，以保证训练的安全。

（三）选择适合的服装

家长带领孩子进行亲子瑜伽练习时应着适宜的服装，可以选择较为宽松休闲的服装或是紧身有弹性的服装。服装要避免金属纽扣或者拉链等，家长在练习前应摘掉首饰并检查孩子的口袋里有无尖锐物品，以免练习过程中划伤。

（四）生病期间不宜练习

如果在生病期间，不论是孩子还是家长都是不宜进行瑜伽练习的，生病状态下精神不集中，练习状态不好也无法达到预期效果。除此之外，肢体障碍学生的

家长也应在完全了解孩子情况的基础上进行练习，或在专业教练或教师的指导下进行练习。

第二节　特殊学生亲子（双人）健身瑜伽体式

在本节中介绍的亲子（双人）瑜伽体式不仅限于家长和孩子一起完成，也可以由两名学生、老师与学生、健全学生与特殊学生或各种双人组合共同完成。特殊学生在进行双人瑜伽体式练习时更要双方协调，逐步达到默契配合。练习过程中学生要多进行交流，询问对方动作可做到的程度，以及彼此间的信任是完成双人瑜伽体式的最重要条件。亲子（双人）健身瑜伽练习通过配合默契完成各种瑜伽体式，不仅是一种有趣的身体练习，还可以通过练习促进情感交流，学会与他人一起分享生活。

下文关于亲子（双人）健身瑜伽体式介绍中，家长为 A，孩子为 B。

一、双人金刚坐扭转式

（一）预备姿势

两人面对面，金刚坐姿准备。

（二）完成步骤

①B 右臂经背部环抱腰，同时向前伸出左臂。A 左臂经背部环抱腰，同时向前伸出右臂。

②B 向右扭转脊柱的同时用左手握住 A 的左手。A 向左扭转脊柱的同时用右手握住 B 的右手。延展脊柱，并保持最大的扭转幅度（图 9-1）。

③呼吸深长均匀，稍作保持。

二、双人树式

（一）预备姿势

山式站立在垫子中央，面朝前方。

(二) 完成步骤

①按照树式完成腿部的练习，A 左腿屈膝，B 右腿屈膝。
②A 右手与 B 左手掌心相对，手臂放于体侧伸直（或举过头顶），打开双肩和胸腔，伸展颈椎（图 9-2）。
③A 左手与 B 右手胸前合十，保持几个深长的呼吸。
④双方交换位置，重复这一体式。

图 9-1　双人金刚坐扭转式　　图 9-2　双人树式

三、双人船式

(一) 预备姿势

两人相对而坐，弯曲膝盖，脚趾尖相对。

(二) 完成步骤

①双方拉双手，重心稍向后移动，A 的左脚掌与 B 的右脚掌相对，逐渐将腿伸直。
②A 的右脚掌与 B 的左脚掌相对，双方同时从地面抬起另一条腿，伸直膝盖。身体挺拔向上，脚的高度尽量超过头部（图 9-3）。
③保持姿势，还原时先还原一条腿，再还原另一条腿。

四、双人风吹树式

(一) 预备姿势

两人一前一后，山式站姿准备。

（二）完成步骤

①A 向左，B 向右按照体式完成标准完成风吹树式（图 9-4）。
②深长均匀地呼吸，稍作保持，再换另一侧进行练习。

图 9-3　双人船式

图 9-4　双人风吹树式

五、双人增延脊柱伸展式

（一）预备姿势

两人背对背站立，距离大约 40 厘米。

（二）完成步骤

①吸气，双方同时将手臂经体前向上伸展过头顶。呼气，身体前屈，手指尖触碰垫子（或小腿、脚踝），延展脊柱（图 9-5）。背部过紧时可以屈膝完成。保持 20~30 秒。
②吸气，还原身体。

六、双人简易扭脊式

（一）预备姿势

两人面对前方，山式坐姿准备。

（二）完成步骤

①B 屈左腿，脚掌贴于右大腿内侧，足跟抵会阴，身体前倾，左手抓右脚踝

（或脚趾）。A 屈右腿，脚掌贴于左大腿内侧，足跟抵会阴，身体前倾，右手抓左脚踝（或脚趾）。

②B 向左扭脊，A 向右扭脊。两人另一只手臂在身体后方掌心合十伸展（如无法做到掌心合十，则 B 可将手掌放于 A 的手臂上），头转向斜后方（图 9-6）。

③深长均匀地呼吸，稍作保持，再换另一侧练习。

图 9-5　双人增延脊柱伸展式

图 9-6　双人简易扭脊式

七、眼镜蛇式+幻椅式

（一）预备姿势

B 俯卧，双脚分开约 30 厘米，A 站立在 B 两小腿外侧。

（二）完成步骤

①B 双手抬离地面。A 弯曲双膝，身体前倾，握住 B 的双手。

②A 逐渐用力拉起 B 的身体，形成幻椅式。B 形成无手臂支撑的眼镜蛇式（图 9-7）。

八、增延脊柱伸展式+大拜式

（一）预备姿势

两人面对面，A 山式站姿，B 金刚坐姿准备。

（二）完成步骤

①吸气，两人同时将双臂经两侧抬起，双手在头顶上方合十。呼气，两人同

时将身体前屈。

②A 双手扶住 B 的背部，延展脊柱，形成增延脊柱伸展式。B 双手握住 A 的脚踝，延展后背，形成大拜式（图 9-8）。

③深长均匀地呼吸，稍作保持，两人交换位置练习。

图 9-7　眼镜蛇式+幻椅式

图 9-8　增延脊柱伸展式+大拜式

九、山式坐+站立前屈伸展式

（一）预备姿势

两人面对同一侧。B 山式坐姿，回勾脚尖脚掌贴在 A 的脚踝和小腿处。A 山式站姿准备。

（二）完成步骤

①吸气，两人同时将双臂经两侧抬起，双手在头顶上方合十。呼气，A 将身体前屈。

②B 双手抓握 A 的双手，延展脊柱和双腿。A 双手经后握住 B 的双手，延展后背，形成站立前屈伸展式（图 9-9）。

③深长均匀地呼吸，稍作保持，两人交换位置练习。

十、双人简易顶峰式

（一）预备姿势

两人面对前方山式站立，双腿打开两倍肩宽。

（二）完成步骤

①吸气，两人同时将双臂经两侧抬起，双手在头顶上方合十。

②呼气，身体前屈，双手压实地面，同时延展脊柱和颈椎，抬头向前方看（图9-10）。

③深长均匀地呼吸，稍作保持。

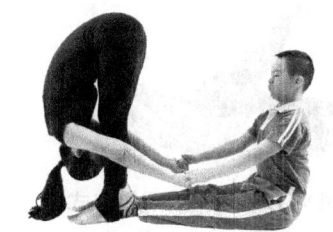

图9-9　山式坐+站立前屈伸展式

图9-10　双人简易顶峰式

十一、双人半三角扭转式

（一）预备姿势

A在左、B在右，面对前方山式站立，双腿打开两倍肩宽。

（二）完成步骤

①吸气，两人双臂经两侧抬起，双手在头顶上方合十。

②呼气，身体前屈，双手压实地面。A抬起右手向右扭转脊柱，手臂向上伸展。B抬起左手向左扭转脊柱，手臂向上伸展（图9-11）。

③深长均匀地呼吸，稍作保持，两人交换位置练习。

十二、双人简易蝗虫式

（一）预备姿势

A向左、B向右俯卧于地面上，双手在体侧，掌心压实地面准备。

（二）完成步骤

①吸气，两人分别抬起左、右腿，收紧背部肌群，伸展膝、踝关节，稍作保

持(图9-12)。

②呼气,落腿还原。

③双腿交替反复练习。

图9-11 双人半三角扭转式

图9-12 双人简易蝗虫式

十三、双人蝗虫式

(一)预备姿势

A向左、B向右俯卧于地面上,双手在体侧,掌心压实地面准备。

(二)完成步骤

①吸气,两人同时抬起双腿和上背部(双臂可贴地也可抬离地面向后伸展),收紧背部肌群,伸展膝、踝关节,稍作保持(图9-13)。

②呼气,俯卧还原。

③两人反复进行练习。

十四、双人侧板式

(一)预备姿势

两人面对面,错开一个身位站立,金刚坐姿准备。

(二)完成步骤

①两人身体前倾,同时完成斜板式。

②B右手移向两手之间,右臂支撑,身体转向左侧,双脚并拢,右脚外侧支

撑于地面，同时抬起左臂向上，与右臂呈一直线垂直于地面。A 以同样的步骤完成另一侧（图9-14）。

③深长均匀地呼吸，稍作保持，两人交换位置或换一侧练习。

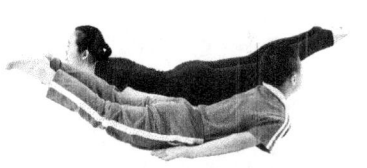 

图 9-13　双人蝗虫式　　　　　　　　图 9-14　双人侧板式

十五、双人双腿背部伸展式

（一）预备姿势

两人面对面，双脚相对，山式坐姿准备。

（二）完成步骤

①吸气，两人同时双臂经两侧抬起，双手在头顶上方合十。呼气，身体前屈。

②两人双手相握，延展脊柱和双腿（图9-15）。

③深长均匀地呼吸，稍作保持。

十六、双人上伸腿式

（一）预备姿势

两人屈腿相对而坐，调整位置后呈仰卧姿势准备。

（二）完成步骤

①两人同时将双腿抬至与地面垂直，回勾脚尖或延伸脚背，双手相握（图9-16）。

②深长均匀地呼吸，稍作保持。

图 9-15 双人双腿背部伸展式　　　图 9-16 双人上伸腿式

十七、双人锁腿式

(一) 预备姿势

A 头部向左，B 头部向右，两人仰卧准备。

(二) 完成步骤

①吸气，两人同时屈右膝，双手十指相交于右小腿胫骨中部，双肘内收。

②呼气，右大腿紧贴腹部，双脚背绷直，头部、上背部抬起，鼻尖向膝关节处靠近（图 9-17）。

③深长均匀地呼吸，稍作保持，再换另一侧腿练习。

十八、双人大拜式

(一) 预备姿势

两人面对面金刚坐姿准备。

(二) 完成步骤

①吸气，两人同时将双手从两侧向上延伸高举头顶。

②呼气，髋屈曲，上体自然伸展向前，两人双手（或手臂）相握，额头触地，延展背部和肩部肌肉（图 9-18）。

③深长均匀地呼吸，稍作保持。

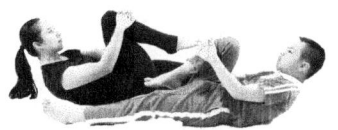 

图 9-17　双人锁腿式　　　　图 9-18　双人大拜式

十九、双人卧英雄式

（一）预备姿势

两人面对面英雄坐姿准备。

（二）完成步骤

①吸气，两人上体后倾，双肘依次落于体后撑地，胸腔上提，头部后仰至触地。双手握自己的脚踝（也可上举双臂互抱肘部触地）（图9-19）。

②呼气，延展大腿和脊柱。

③深长均匀地呼吸，稍作保持。

二十、双人简易坐角式

（一）预备姿势

A在后，B在前，面对前方分腿坐姿准备。

（二）完成步骤

①吸气，两人双腿向两侧打开，双手经体侧抬起至头部上方，掌心向前。

②呼气，躯干前屈，双臂向前伸展至最大幅度（也可将双手抓住两个脚的脚趾）（图9-20）。

③深长均匀地呼吸，稍作保持。

图 9-19　双人卧英雄式　　　　图 9-20　双人简易坐角式

二十一、双人猫伸展式

(一) 预备姿势

两人面对面，金刚坐姿准备。

(二) 完成步骤

①身体前倾，双手置于肩下方，指尖与肩垂直对齐，双膝与髋同宽。
②吸气，脊柱逐节伸展，扩展胸腔（图9-21①）。
③呼气，收腹拱背，目视肚脐方向（图9-21②）。
④交替完成两个动作。

图 9-21　双人猫伸展式

参考文献

[1] 朴永馨. 特殊教育概论 [M]. 北京: 华夏出版社, 1999.
[2] 杜熙茹. 特殊儿童韵律体操 [M]. 北京: 中国人民大学出版社, 2015.
[3] 万明美. 视觉障碍教育 [M]. 台北: 五南图书出版股份有限公司, 1996.
[4] 魏波, 魏国强. 两次全国残疾人抽样调查视力残疾标准和评定方法的比较 [J]. 实用防盲技术, 2007 (1): 24-26.
[5] 杜熙茹. 特殊学生啦啦操 [M]. 成都: 电子科技大学出版社, 2019.
[6] 方俊明. 特殊教育学 [M]. 北京: 人民教育出版社, 2005.
[7] 刘旺. 盲童与正常儿童类比推理的比较研究 [J]. 中国特殊教育, 2002 (1): 21-24.
[8] 刘艳红, 曹强, 钱志亮, 等. 视力残疾学生和普通学生触错觉对比实验研究 [J]. 中国特殊教育, 2003 (1): 31-35.
[9] 琚四化, 毛红琴, 梁子浪. 听觉通道下盲生与明眼学生时距知觉的比较研究 [J]. 中国特殊教育, 2010 (2): 29-31.
[10] 高宇翔, 刘艳虹. 先天视力残疾学生的人物画特征研究 [J]. 中国特殊教育, 2011 (3): 20-25.
[11] 刘艳红, 李惠敏, 焦青, 等. 视力残疾学生与普通学生平衡能力比较研究 [J]. 中国特殊教育, 2001 (1): 26-28, 32.
[12] 钟经华. 视力残疾儿童的心理与教育 [M]. 天津: 天津教育出版社, 2007.
[13] 戴昕, 韩东硕. 北京市盲生体质状况调查与分析 [J]. 体育学刊, 2008 (2): 62-65.
[14] 宋鸿雁. 视障儿童与正常儿童自我概念和个性的比较研究 [J]. 中国特殊教育, 2001 (4): 52-57.
[15] 吕姿之, 叶广俊, 王洪源, 等. 盲校学生形态、机能和青春期发育状况 [J]. 中国康复医学杂志, 1990 (5): 219-223.
[16] 中国聋人协会. 体育和律动常用词通用手语 [M]. 北京: 华夏出版社, 2018.
[17] 舒明跃. 孤独症诊疗康复与教育 [M]. 北京: 华夏出版社, 2010.
[18] 盛永进. 特殊儿童教育导论 [M]. 南京: 南京师范大学出版社, 2017.

[19] 琚四化. 盲生触摸觉表象心理扫描中的距离效应研究 [J]. 中国特殊教育, 2012 (6): 34-38.

[20] 教育部师范教育司. 盲童心理学 [M]. 北京: 人民教育出版社, 2000: 48.

[21] 柯克·加拉赫. 特殊儿童的心理与教育 [M]. 汤盛钦, 银春铭, 编译. 天津: 天津教育出版社, 1989.

[22] 约瑟夫·温尼克. 特殊儿童体育与运动 [M]. 南京: 南京师范大学出版社, 2015.

[23] 迪翁·E. 贝茨, 斯泰西·W. 贝茨. 为自闭症谱系障碍的儿童做瑜伽 [M]. 伦敦: 杰西卡金斯利出版社, 2006.

[24] 郑先红. 瑜伽教程 [M]. 北京: 高等教育出版社, 2012.

[25] 韩俊. 瑜伽初级教程 [M]. 沈阳: 辽宁科学技术出版社, 2006.

[26] 曲影. 正宗瑜伽从零学 [M]. 南京: 江苏凤凰科学技术出版社, 2014.

[27] 王静宜. 瑜伽运动教程 [M]. 北京: 北京体育大学出版社, 2015.

[28] 斯考特. 阿斯汤加瑜伽 [M]. 饶秋玉, 译. 沈阳: 辽宁人民出版社, 2007.

[29] 于伽. 阴瑜伽: 风靡欧美的高端瑜伽课 [M]. 北京: 团结出版社, 2014.

[30] 吉塔·S. 艾扬格. 艾扬格女性瑜伽 [M]. 姜磊, 刘娲路, 译. 海口: 海南出版社, 2014.

[31] 艾扬格. 艾扬格瑜伽 [M]. 莫慧春, 译. 天津: 天津社会科学院出版社, 2010.

[32] 瑞隆. 瑜伽3D解剖书Ⅱ [M]. 赖孟怡, 译. 北京: 北京联合出版公司, 2014.

[33] 艾扬格. 瑜伽之光 [M]. 王晋燕, 译. 北京: 当代中国出版社, 2013.

[34] 李建臣. 瑞士球组合训练 [M]. 北京: 人民体育出版社, 2012.

[35] 矫林江. 瑜伽体位法全图典 [M]. 南京: 江苏科学技术出版社, 2014.

[36] 吕翠英. Ambesh Tyagi 瑜伽健身 [M]. 青岛: 青岛出版社, 2011.

[37] 双福. 瑜伽教程——瑜伽全程学习图解 [M]. 北京: 化学工业出版社, 2012.

[38] 皮亚杰. 发生认识论 [M]. 范祖珠, 译. 北京: 商务印书馆, 1990.

[39] 杜熙茹. 特殊学生健康体适能 [M]. 成都: 电子科技大学出版社, 2019.